KB140840

셰익스피어의 말

KOKORO WO SASAERU SHAKESPEARE NO KOTOBA
by Shoichiro Kawai

First published in Japan by ASA Publishing Co., Ltd., Tokyo
This Korean edition is published by arrangement with ASA Publishing Co., Ltd., Tokyo in care of Tuttle-Mori Agency, Inc. Tokyo through Danny Hong Agency, Seoul.

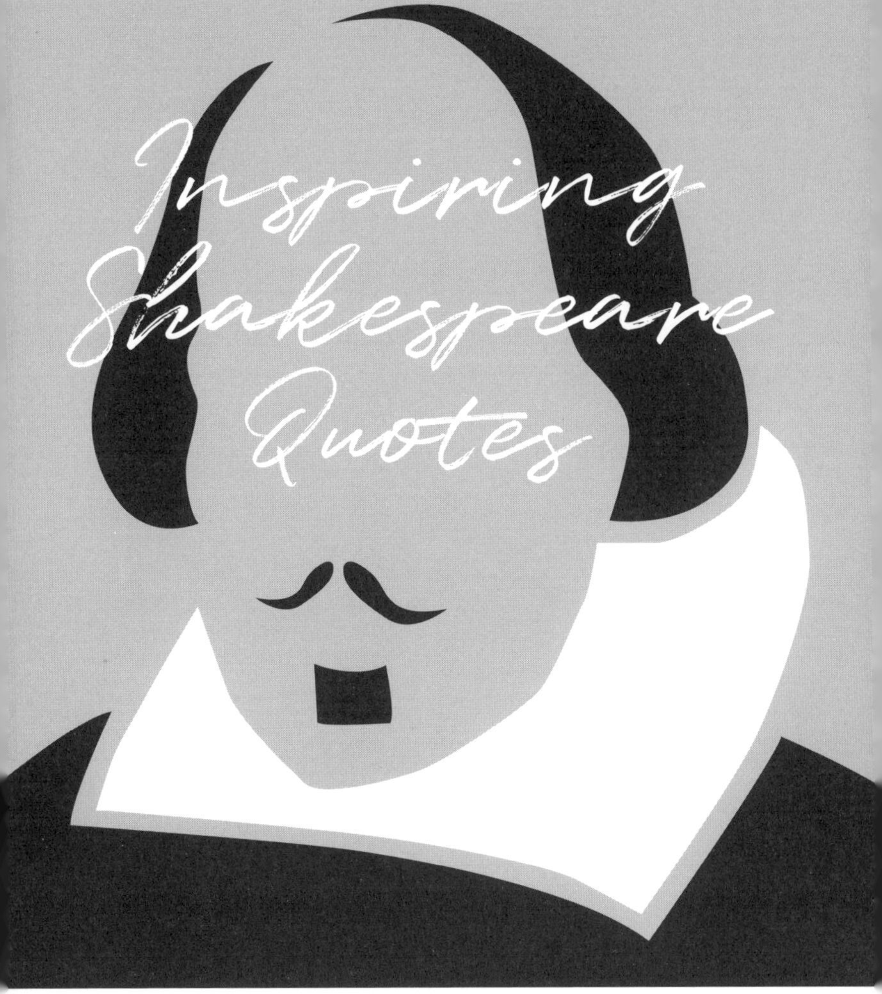
Inspiring
Shakespeare
Quotes

셰익스피어의 말

가와이 쇼이치로 지음
박수현 옮김

새로운 번역과 원문을 통해 만나는
셰익스피어의 인생 철학 110가지

예문아카이브

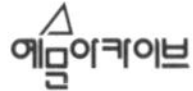

contents

일러두기

1. 이 책은 일본 아사출판의 『心を支えるシェイクスピアの言葉』(2020)를 옮긴 것입니다.
2. 본문의 글 중 서체를 변경하고, 위첨자로 표기한 것은 옮긴이가 독자들의 이해를 위해 덧붙인 글입니다.
3. 본문에서 언급하는 단행본이 국내에 출간된 경우에는 국역본 제목으로 표기하였고, 출간되지 않은 경우 최대한 원서에 가깝게 번역하고 원제를 병기하였습니다.
4. 인명, 지명 등 외국어의 우리말 표기는 국립국어원 외래어표기법에 따르되, 일부 예외를 두었습니다.
5. 책 제목은 겹낫표(『 』), 시, 단편은 홑낫표(「 」), 영화는 꺽쇠(〈 〉)를 써서 묶었습니다.

여는 글

인생의 달인 셰익스피어가 만들어낸 작품에는 마음에 남는 훌륭한 문구가 많습니다. 이 책에서는 셰익스피어의 희곡 총 40편과 『셰익스피어 소네트(Shakespeare's sonnets)』 중에서 110가지 말을 골라 하나씩 정성스레 해설을 더했습니다. 삶에 어려움을 느낄 때, 마음이 갈 곳을 잃었을 때, 혹은 더 좋은 인생을 보내기 위해 힌트를 얻고 싶을 때, 이 책을 펼치시길 바랍니다. 40편의 작품 중에는 『두 귀족 친척』, 『에드워드 3세』, 『토머스 모어 경』과 같은 공저도 포함했습니다.

다양한 연극에서 살인자에 대한 이야기를 쓴 셰익스피어는 400년도 전에 살았던 극작가이지만, 그의 작품은 현재에 이르러서도 자주 상연되고 영화, 오페라, 발레, 회화 등 장르를 가리지 않고 널리 받아들여지고 있습니다. 그 매력은 무엇일까요?

바로 셰익스피어가 자아낸 말의 힘이라고 할 수 있을 것입니다. 이 책을 꼼꼼히 읽다 보면 그 말에 담긴 깊은 의미를 잘 이해할 수 있으리라 생각합니다.

동시에 셰익스피어의 작품을 많이 접하지 못한 독자들을 위해 책의 맨 끝에 희곡 총 40편의 줄거리를 집필 순서대로 정리해두었습니다. 장르로 나누자면 비극이 아홉 편(그중 로마 사극이 네 편), 희극이 열 편, 역사극 열두 편, 문제극 네 편, 로맨스극 다섯 편으로, 이 중에서 『햄릿』, 『오셀로』, 『리어왕』, 『맥베스』를 4대 비극이라고 합니다.

마음에 드는 대사를 찾아서 입 밖으로 소리 내어 말해보세요. 영국인이 원문을 듣는다면 틀림없이 "우아, 셰익스피어를 잘 아는구나!" 하고 감탄할 만한 유명한 말들을 골라 전부 제가 직접 옮겨두었습니다.

이 책이 여러분의 마음에 버팀목이 되기를 바랍니다.

가와이 쇼이치로

Shakespeare quotes I

후회하지 않도록

Inspiring Shakespeare Quotes

001

위험하다고 생각하는 편이 안전해.

_『햄릿』 제1막 제3장

Best safety lies in fear.

Hamlet, Act 1 Scene 3

아름다운 처녀 오필리아는 덴마크의 왕자 햄릿이 다정한 말을 건네고 선물도 주자 몹시 기뻐했는데, 오빠인 레어티스는 그런 여동생을 걱정한다. 그는 햄릿이 한 나라의 왕자이자 머지않아 왕이 될 사람이니 비록 지금은 너를 진심으로 사랑해 주더라도 조심해야 한다고 타이른다.

직역하자면 이렇다. '최상의 안전은 두려움 속에 있다.' 이는 우리 삶의 방식에도 그대로 적용할 수 있는 격언이다. 실패나 사고는 '괜찮다, 문제없다'며 방심하고 있을 때 일어나기 때문이다. 반면 '괜찮을까' 걱정하며 경계할 때는 쉽게 일어나지 않는다.

예를 들어 차를 운전할 때도 저 모퉁이에서 아이가 튀어나오지 않을까, 앞에서 가는 자전거가 갑자기 이쪽으로 넘어지지 않을까 하는 '두려움'을 안고 운전해야 안전을 확보할 수 있다. 일상생활에서도 전철이 지연될까 봐 걱정해서 집을 일찍 나서면 지각을 면한다. '유능한 사람', '잘되는 사람'은 언제나 그러한 '두려움'을 안고 행동한다. 태평하게 행동하면서 '잘 안 된다'고 불평하거나 책임을 전가하는 것은 '무능한 사람'이 취하는 전형적인 행동이다. 성공하고 싶다면 항상 예방책과 대책을 생각해두어야 한다.

002

어쩔 수 없는 일은 신경 쓰지 말아요.
이미 저지른 일은 끝난 일이에요.

_『맥베스』 제3막 제2장

Things without all remedy Should be without regard.
What's done is done.
Macbeth, Act 3 Scene 2

맥베스는 비록 던컨 왕을 죽이고 왕위에 오르기는 했지만, 마녀가 '왕이 될 자손을 낳을 자'라고 예언한 뱅코가 살아 있었기에 끝없는 불안을 느낀다. 그는 자신이 뱅코의 후예를 위해 살인을 저지른 꼴이 되는 게 아닐까 하는 불안에 시달린다. '이러고 있어봤자 아무것도 해결되지 않아, 안심이 되지 않는다면'(제3막 제1장) 그렇게 생각한 맥베스는 불안한 나머지 "내 마음은 전갈로 가득 차 있다"고 말할 지경에 이른다. 그는 던컨 왕을 살해하자마자 그 일을 후회했는데, 맥베스 부인은 그런 남편에게 "이미 저지른 일은 후회해도 소용없다"고 타이른다.

그런데 그 이후 맥베스 부인이 먼저 정신이 이상해져서 몽유병에 걸린다. 그녀는 밤중에 침대에서 빠져나와 방황하다 손에 묻은 얼룩을 지우려고 끝없이 손을 비비며 그 자리에 없는 남편을 향해 말한다. "이미 저지른 일은 원래대로 되돌릴 수 없어요(What's done cannot be undone)." 앞서 나온 맥베스의 대사에 호응하는 대사다.

이 말은 과거를 없던 일로 하고 그만 잊으라고 재촉한다. 고민해도 어쩔 수 없는 일을 가지고 언제까지고 끙끙 앓아봐야 소용없는 일이다. 그보다는 앞으로 어떻게 해야 할지를 생각해야 한다.

무엇인가 실패했을 때 떠올리면 좋은 대사다.

003

현명하고 신중하게 하거라.
급하게 뛰어가는 자는 넘어지게 마련이다.

_『로미오와 줄리엣』 제2막 제3장

Wisely, and slow. They stumble that run fast.
Romeo and Juliet, Act 2 Scene 3

로런스 신부는 로미오가 줄리엣과 결혼하고 싶다고 간곡히 부탁하자 양가의 불화에 종지부를 찍기 위해서라도 이 결혼을 성사시키기로 결심한다. 신부는 마음이 급해 견딜 수 없는 로미오에게 당황하지 말라며 이 대사를 건넨다.

이 대사는 '서두르면 일을 그르친다', '달리면 발이 걸려 넘어진다', '성급하면 손해를 본다'는 말과 의미가 같다.

초조할 때는 쉽게 실패하는 법이다. 당황한 탓에 실패하거나 사고를 내면 오히려 시간이 더 오래 걸린다. 서둘러야 할 때는 냉정하고 침착하게 확실히 움직여야 오히려 시간 손실을 줄일 수 있다.

물론 재빠르게 행동해야 할 때도 있다. 이를 '쇠뿔은 단김에 빼라', '앞질러 행동하면 이긴다', '생각하는 즉시 실행해야 한다', '먼저 손을 써야 다른 사람을 지배할 수 있다' 등의 속담으로 표현한다. 다만 이 말들은 전부 행동을 빨리 개시하라는 의미이지 행동 자체의 속도를 올리라는 뜻이 아니다. 빨리 행동을 시작하되 행동 자체는 침착하게 하는 것이 가장 좋다.

이솝 우화 '토끼와 거북이'에서 거북이는 "천천히 착실하게 경쟁에서 이길 거야(Slow and steady wins the race)"라고 말한다. 뭐, 거북이만큼 천천히 할 필요는 없지만, '급할수록 천천히 해야 한다'는 것은 사실이다. 구급차 운전사도 이를 준수한다.

서두를 때 자신에게 들려주고 싶은 대사다.

004

인간은 때로 자신의 운명조차도 지배하지.
브루투스, 나쁜 것은 우리의 운명이 아니라
우리 자신이다.

_『줄리어스 시저』 제1막 제2장

Men are some time are masters of their fates;
The fault, dear Brutus, is not in our stars,
But in ourselves, that we are underlings.
Julius Caesar, Act 1 Scene 2

로마 원로원 의원, 카시우스가 브루투스를 줄리어스 시저 암살 계획에 끌어들이고자 설득을 거듭하며 말한 대사다.

셰익스피어가 살던 시절에는 점성술이 학문의 하나로 유행했다. 르네상스를 통해 소우주(미크로코스모스)로 간주되는 인간은 대우주(마크로코스모스)의 움직임과 호응한다는, 신플라톤주의 사상의 영향력이 커졌기 때문이었다. 그러나 동시에 르네상스에서는 인간의 '자유 의지'라는 발상이 등장하면서 인간은 우주에 지배당하지 않고 자기 의지로 자신을 바꿀 수 있는 존재라 여기게 되었다. 셰익스피어의 시대란, 인간의 모습을 좁게 규정하는 중세적 세계관에서 인간이 자유롭게 날개를 펼칠 수 있는 르네상스적 세계관으로 바뀐 시대였다고 할 수 있다.

자신을 바꾸려는 등장인물로는 야심가나 악당이 많다. 『오셀로』에 등장하는 이아고는 인간을 정원사에 비유해, 정원사가 정원을 가꾸듯 자기가 자신을 가꾼다(제1막 제3장)고 했다. 『리어왕』의 에드먼드 또한 자신의 운세를 점성술 탓으로 돌리는 사람을 깔보며, "나쁜 것은 자기 탓인데 운이 나쁘다고 말한다"며 비판했다.

요컨대 '오늘의 운세'를 읽을 시간이 있다면, 자기 스스로를 바꾸라는 이야기다.

005

겁쟁이는 죽기 전에 몇 차례고 죽을 뻔하지만,
용기 있는 자는 죽음을 단 한 번 맛볼 뿐이오.
여러 가지 신기한 이야기를 들었지만,
죽음을 두려워하는 것만큼 이상한 일은 없소.
죽음이란, 말하자면 필연적인 끝이고,
올 때가 되면 반드시 찾아오니 말이오.

_『줄리어스 시저』 제2막 제2장

Cowards die many times before their deaths.
The valiant never taste of death but once.
Of all the wonders that I yet have heard,
It seems to me most strange that men should fear,
Seeing that death, a necessary end,
Will come when it will come.
Julius Caesar, Act 2 Scene 2

줄리어스 시저는 암살당하는 날, 남편의 죽음을 예감하고 외출하지 말라는 아내에게 이렇게 말한다.

귀족이 검을 차고 다니고, 남자는 언제 징병될지 모르던 엘리자베스 왕조 시대에는 '겁쟁이'와 '용감한 자'를 구별하는 일이 중요했다. 겁을 잔뜩 집어먹은 채 싸우면 이길 수 있는 싸움도 지게 되기 때문이다.

누구든 죽기는 싫은 법이다. 그렇다고 자신의 죽음을 상상하며 두려워해봤자 아무 소용없다. 죽음의 순간은 찾아오게 마련이니 허둥댄다고 한들 어찌할 수 없다. "죽음은 올 때가 되면 반드시 찾아온다"는 표현은 44쪽의 햄릿이 한 대사와 유사하다.

죽음이 두려운 이유는 삶에 집착하기 때문이다. 삶에 대한 집착이 없어질수록 자신의 죽음을 강하게 의식해서 굳세진다. 21세기 최대의 연출가, 피터 브룩은 자신이 서른 살에 죽으리라 믿어 의심치 않으며 살았다고 한다. 실제로는 훨씬 더 오랜 기간 활약했다(2021년 현재, 96세). 한 번 '죽을 각오'를 한 사람은 엄청난 힘을 발휘한다. 『햄릿』의 마지막 장면에서도 햄릿은 자신의 죽음을 한 번 분명하게 상상했고, 그렇기에 목숨을 걸고 적의 품속으로 뛰어들 수 있었다.

말 그대로 '죽을 작정'으로 하면 길이 열릴 가능성이 있다는 뜻이다.

006

인간이 저지르는 악행은
인간이 죽은 후에도 살고,
선행은 뼈와 함께 묻힌다.

_『줄리어스 시저』 제3막 제2장

The evil that men do lives after them,
The good is oft interred with their bones.
Julius Caesar, Act 3 Scene 2

마크 안토니는 브루투스가 연설을 마친 뒤에 죽은 시저를 추모할 수 있도록 허락을 받는다. 이 장면에서 브루투스의 연설은 산문이지만, 안토니의 연설은 약강 5보격Iambic pentameter, 한 시행이 10음절이면서, 강세가 있는 음절 다섯 개와 강세가 없는 음절 다섯 개가 번갈아 나오는 구성이다으로 이루어진 운문이다. 안토니는 그 극적인 추모 연설로 시민들이 폭동을 일으키도록 몰아간다. "친구여, 로마인이여, 동지들이여, 귀를 빌려다오! 나는 시저를 매장하러 온 것이지, 기리러 온 것이 아니오." 이렇게 시작하는 이 연설에서 안토니는 죽은 자가 찬양받는 일은 희귀한 일임을 전하기 위해 이 대사를 말한다.

'악사천리' 못된 짓이나 나쁜 소문은 곧 세상에 널리 알려진다는 뜻 라고 하듯이 나쁜 짓을 하면 곧 소문이 난다. 세상을 위해 아무리 애를 써도, 한 번 나쁜 짓을 하면 악인으로 기억되고 만다. 지금까지 쌓아온 선행은 모두 잊히고, 단 한 번의 악행이 사람들의 기억에 또렷하게 새겨져버린다.

안토니는 이 속담을 인용하여 암살당한 줄리어스 시저는 사실 엄청난 선행을 하며 미덕을 쌓아온 사람이라고 호소해 대중을 울린다. "시저는 로마 시민을 위해 일하다가 살해당했다"고 호소하며 시민들이 폭동을 일으키도록 부추긴 것이다.

『헨리 8세』 제4막 제2장에서도 역시 "사람이 저지른 악행은 놋쇠에 새겨지고, 미덕은 물로 기록된다"는 말이 등장한다.

007

하려고 마음먹은 일은 그런 마음이 들었을 때
해야 해. 그렇지 않으면 쓸데없는 말을 듣고,
방해받고, 이런저런 일을 겪다가 의욕을 잃고
주저하게 될 거야. 그러면 '하자'고 마음먹었던 일이
'해야 하는' 일로 변해.
'이것만 하면 되니까' 하고 한숨 돌리면
단숨에 엉덩이가 무거워지고 말아.

_『햄릿』 제4막 제7장

That we would do,
We should do when we would, for this "would" changes
And hath abatements and delays as many
As there are tongues, are hands, are accidents.
And then this "should" is like a spendthrift sigh
That hurts by easing.
Hamlet, Act 4 Scene 7

클로디어스가 레어티스에게 말하는 대사다.

누구든 '하고 싶은 일'과 '하려는 일'을 그대로 내팽개쳐두는 경우가 흔하다. 막연히 '하고 싶다'고 생각하는 정도의 일이라면 잊어버려도 괜찮겠지만, '하자'고 한번 굳게 마음먹은 일을 하지 못하면 '해야 한다'는 초조함에 휩싸이게 된다.

연극 『햄릿』은 행동 의지는 있지만 사고가 이를 방해하여 좀처럼 행동으로 옮길 수 없는 과정을 그린 작품이다. 이 연극에서는 '행동의 세 단계'(생각나서 그렇게 하자고 마음먹는 첫 번째 단계, 어떻게 실행하면 좋을지 상상하는 두 번째 단계, 결행하는 세 번째 단계)가 항상 문제로 꼽힌다. 결의는 붉은 핏빛을 띠는데, 창백한 색을 띤 사고에 물들면 그 기세를 잃게 되어 행동의 세 번째 단계에 이를 수 없다.

"사느냐 죽느냐"로 시작하는 제4독백은 "이렇게 번민하는 마음은 우리를 모두 겁쟁이로 만든다, 이렇게 결의의 본래 색은 창백한 사고의 색에 물들어 숭고하고 위대한 계획도 빛이 바래고 흐름이 틀어지며 행동이라는 이름을 잃는 것이다"라고 하며 마무리 짓는다.

열정을 잃고서는 행동할 수 없다.

008

찾아다녔음에도,
막상 그때가 오면 잡지 못하는 자에게
두 번 다시 기회는 찾아오지 않아.

_『안토니와 클레오파트라』 제2막 제7장

Who seeks, and will not take when once 'tis offer'd,
Shall never find it more.
Antony and Cleopatra, Act 2 Scene 7

삼두정치의 한 축을 맡는 장군 폼페이우스에게 그의 부하 미나스는 천하를 장악하고 싶다면 지금 눈앞에서 술을 마시는 옥타비아누스 시저와 마크 안토니를 암살하는 것이 어떻겠느냐며 그를 꼬드긴다. 폼페이우스는 오히려 "그런 비겁한 짓은 할 수 없어, 네가 아무 말 하지 않고 해줬으면 좋았을 텐데"라고 불평한다. 그 말을 들은 미나스가 폼페이우스는 가망이 없다고 단념하며 이 대사를 중얼거린다.

맥베스 부인도 그녀의 남편에게 아주 비슷한 대사를 말한다. "용감하게 행동하는 자신, 이랬으면 하고 바라는 자신이 되기가 두려운 것이로군요. 마음속에 인생의 꽃으로 정해둔 것이 있으면서도 자신을 겁쟁이로 여기며 살 건가요. 하겠다고 말하면서 할 수 없다고 말하는군요. 마치 속담에 나오는 고양이 같네요. 물고기는 먹고 싶고, 물에 젖고 싶지는 않다고 말이에요." 맥베스도 암살할 기회를 엿보고 있었다. 기회가 오지 않을 때는 어떻게든 기회를 잡으려고 애썼음에도 막상 그 기회가 찾아온 순간 그는 주저하고 만다.

막상 닥치면 겁이 나서 미심쩍어하며 머뭇거리기 쉽지만, 기회가 오면 잡아야 한다. 이를 '카르페 디엠'carpe diem, 현재 이 순간에 충실하라는 뜻의 라틴어 이라고도 한다. 다만 그것이 나쁜 짓이라면 발길을 돌릴 기회를 잡자.

009

행동은 웅변이다.

_『코리올라누스』 제3막 제2장

Action is eloquence.

Coriolanus, Act 3 Scene 2

코리올라누스는 자존심이 너무 세서 자신은 집정관이 되고자 광장에서 누더기를 걸치고 일반 시민에게 지지를 구하는 관습 따위는 절대로 따르지 않겠다고 우긴다. 그렇지만 관습대로 하지 않으면 집정관의 지위에 오를 수 없다. 그의 어머니 볼룸니아는 아들을 설득하며 "무식한 대중에게는 말보다도 모자를 벗고 그들에게 무릎을 꿇어 보이는 행동이 웅변 같은 설득력을 발휘한다"고 타이른다. 입으로 이러쿵저러쿵 말하는 것보다 행동으로 보여주는 편이 확실하다는 뜻이다.

'불언실행' 말없이 실제로 행한다는 의미 과 비슷하지만, '말없이'든 아니든 간에 행동함으로써 사람들이 알아준다. '말보다 증거', '백문이 불여일견'이라고 하듯이 행동으로 보여주는 편이 빠르다.

설득력 있는 사람은 실제로 스스로 행동하여 무엇이 되었든 결과를 보여주는 사람이다. 스스로 아무것도 하지 않고, 그저 말로만 이러쿵저러쿵 떠드는 사람의 논설은 별로 설득력이 없다. 같은 맥락에서 '행동'을 '실적'으로 바꿔 적용할 수 있다. 성과를 보여줌으로써 다른 사람의 신용을 얻을 수 있다.

실행이 중요하다는 점에서 보자면, 말을 꺼낸 사람부터 해보라는 의미의 '먼저 외부터 시작하라 先始於隗, 중국 전국시대 연나라 소왕이 곽외에게 인재를 구하는 방법을 묻자 먼저 자신부터 등용하라고 했다는 일화에서 나온 말로, 가까이 있는 사람이나 말한 사람부터 시작하라는 뜻는 표현과도 비슷하다.

010

시간은 사람에 따라 다르게 흘러.

_『뜻대로 하세요』 제3막 제2장

Time travels in diverse paces with diverse persons.

As You Like It, Act 3 Scene 2

남장한 여주인공 로잘린드가 올란드에게 한 말이다.

아인슈타인은 "뜨거운 난로에 손을 대고 1분 동안 참으면 한 시간 정도로 느껴지는데, 아리따운 한 여인의 곁에 있는 한 시간은 1분 정도로 느껴진다"고 말했다. 마찬가지로 셰익스피어도 결혼식을 기다리는 아가씨는 7일을 7년처럼 느낀다고 했다. 누구에게나 하루 24시간이 주어졌을 텐데, 어째서 상황에 따라 시간이 길거나 짧게 느껴질까.

시계가 째깍째깍 새기는 시간을 크로노스라고 부른다. 항상 일정한 속도로 흐르며, 누구에게나 똑같이 객관적인 것이다. 한편 카이로스는 주관적인 시간으로, 즐거우면 눈 깜짝할 사이에 지나고 지루하면 좀처럼 가지 않는다. 무언가에 열중할 때, 사랑할 때, 흥분되어 두근거릴 때는 시간을 알차게 보내기에 뒤늦게 크로노스가 지난 사실을 알고 "어, 시간이 벌써 이렇게 됐어?" 싶은 경우도 있다.

카이로스가 충실한 삶을 살면 인생이 더할 나위 없이 즐거워진다. 똑같은 시간을 보내더라도 알찬 시간을 보내면 짧은 인생도 더 길어진다.

가장 '알차게' 시간을 보내려면 어떻게 해야 할까?

답은 물론 '사랑하는 것'이다.

011

악한 수단으로 좋은 결과를 낸 적이
단 한 번도 없다는 것을 아셔야 합니다.

_『리처드 2세』 제2막 제1장

By bad courses may be understood
That their events can never fall out good.

Richard II, Act 2 Scene 1

리처드 2세는 아일랜드 원정을 위한 경비를 마련하려고 삼촌인 랭커스터 공작 곤트의 존이 죽자 그의 아들 볼링브로크가 추방당한 상태라는 사실을 이용해 광대한 랭커스터 영지를 차지한다. 또 다른 삼촌인 요크 공작은 제멋대로 구는 왕에게 마침내 정나미가 떨어져 이렇게 말한다.

설령 좋은 목적을 위해서라도 나쁜 수단을 취하는 것은 용납되지 않는다.

역시나 랭커스터 공작의 적자 볼링브로크가 자신이 물려받아야 할 랭커스터 영지를 내놓으라며 대군을 이끌고 귀국했고, 리처드 2세는 그대로 폐위를 당하기에 이르고 만다.

『베니스의 상인』의 재판 장면에서 바사니오는 안토니오의 목숨을 구하고자 "큰 선을 이루기 위해 작은 악을 행하여 달라"고 호소하지만, 재판관 역할을 맡은 포샤는 이를 기각한다.

목적은 수단을 정당화할 수 없다. 누군가에게 위해를 가하거나 피해를 주는 것은 어떤 이유로도 용서받지 못한다. 물론 '전화위복'이나 '요행' 등 결과적으로 잘될 수도 있지만, 이는 부정적인 상황임에도 좋은 결과가 생기는 것을 말하는 것이지 '나쁜 수단'과는 다른 이야기다.

012

현자는 앉아서 재난을 한탄하지 않고
바로 재난의 뿌리를 근절하는 법입니다.

_『리처드 2세』 제3막 제2장

Wise men ne'er sit and wail their woes,
But presently prevent the ways to wail.
Richard II, Act 3 Scene 2

칼라일 주교가 리처드 2세에게 볼링브로크와 맞서 싸워야 한다고 주장하며 이렇게 말한다.

사람은 보통 재난을 당하면 울부짖거나 한탄하기 마련이다. 이는 인간으로서 자연스럽게 감정이 표면에 드러나는 것이다. 다만, 마냥 주저앉아 한탄한다고 해서 되는 일은 없으니 대응하고 대책을 세워야 한다. 현명한 사람일수록 자신의 정신 상태를 통제하고 즉각 대응에 나서는 행동력이 있다.

재난을 당했을 때 놀라서 어찌할 바를 모를 것이 아니라 침착하게 행동할 수 있냐는 점이 중요하다. 패닉 상태가 되어버리면 올바른 행동을 할 수 없게 된다. 눈앞이 새하얗게 변하는 상황에서도 침착하고 냉정하려면 그러한 비상사태를 미리미리 생각해두어야 한다.

다만, 셰익스피어는 이렇게 말하면 저렇게도 말하는 사람이기에 "남에게 침착하라고 설교하던 사람도 막상 자신에게 나쁜 일이 닥치면 패닉 상태에 빠지는 법이다"라고도 했다(『헛소동』 제5막 제1장 레오나토, 『실수 연발』 제2막 제1장 아드리아나). 인간은 침착해야 한다고 머리로는 알고 있어도 자신도 모르게 패닉 상태에 빠지고 마는 것이다.

013

멧돼지가 쫓아오기 전에 도망치는 것은
멧돼지를 자극하여 쫓기게 되고,
쫓을 생각이 없었는데 쫓게 만드는 것과 같소.

_『리처드 3세』 제3막 제2장

To fly the boar before the boar pursues
Were to incense the boar to follow us,
And make pursuit where he did mean no chase.
Richard III, Act 3 Scene 2

글로스터 공작 리처드의 야심을 눈치 채지 못한 헤이스팅스 경은 스탠리 경이 "글로스터 공작가의 문장인 멧돼지에게 투구를 물어뜯기는 불길한 꿈을 꿨으니 함께 글로스터 공작으로부터 도망칩시다"라고 권하자 이렇게 대답한다.

일반론으로서 개나 곰 앞에서 도망치면 안 된다는 말을 흔히 하는데, 이에 비유한 말로, 여기서는 죄지은 것도 없는데 죄지은 듯이 행동하지 말라는 뜻이다. 나쁜 짓을 하지 않았는데 도망가면 마치 나쁜 짓을 한 것처럼 오해를 받는다.

'오이밭에서는 신발을 고쳐 신지 말고, 자두나무 밑에서는 갓을 고쳐 쓰지 말라'(오이밭에서 신발이 벗겨져도 오이를 훔친다고 오해하지 않도록 허리를 굽히고 신발을 고쳐 신지 않고, 자두나무 아래에서는 모자가 삐뚤어졌다고 손을 뻗어 고치지 않는다)는 말과 같다.

다만 헤이스팅스 경은 스탠리 경이 하자는 대로 도망쳤어야 했다. 이후 헤이스팅스 경은 리처드에게 생트집을 잡혀 죽임을 당하고 만다.

『맥베스』에서 맥베스 부인도 나쁜 짓을 하지 않았으니 도망칠 이유가 없다고 말하지만, 역시 죽임을 당하고 만다. 살의라는 부조리가 다가올 때 논리 따위는 제 역할을 하지 못한다. 위험하다고 느끼면 삼십육계 줄행랑을 치는 것이 상책이다.

014

의심은 배신자입니다.
해보면 가능할지도 모르는 것을
시도하기 두려워서 잃는 것입니다.

_『자에는 자로』 제1막 제4장

Our doubts are traitors.
And make us lose the good we oft might win
By fearing to attempt.
Measure for Measure, Act 1 Scene 4

성경에서는 '그대 간음하지 말지어다'라는 규칙을 '그대 살인하지 말지어다'와 동급으로 취급한다. 그렇기에 미혼자가 성관계를 갖는 것은 살인에 버금가는 죄이고 죽을죄에 해당한다. 이것이 바로 『자에는 자로』에 등장하는 법률의 의미이다. 이 법은 실제 사회에 적용하기 어려워서 14년간 묻혀 있었다. 이를 공작 대리 안젤로가 부활시킨다. 그리고 그 법에 따라 혼전 성교로 여자를 임신시킨 클로디오에게 사형을 선고한다. 클로디오의 친구 루치오는 이 사실을 클로디오의 누이동생 이사벨라에게 전하며 오빠의 목숨을 구걸하도록 권한다. 그녀가 자신이 할 수 있는 일이 있을까 하고 나약한 모습을 보이자 루치오는 이 대사를 말한다.

"나는 못할 것 같아" 하고 의구심을 가지면 자신을 배신하는 것과 마찬가지라는 뜻이다. 해보려는 용기를 내지 않으면 손에 넣을 수도 있는 이익을 잃게 된다. 해봐야 알 수 있다는 발상은 『끝이 좋으면 다 좋아』에서도 나온다. "안 될지도 모른다고 생각했을 때 진짜 안 된다"라고 바꿔 말할 수도 있다.

자신을 믿고 할 수 있는 만큼 해보자. 그래서 잘 되면 자신감이 생길 것이고, 잘 안 되더라도 시도한 일을 후회하지는 않을 것이다.

015

단 1분 늦게 되는 것보다
세 시간 이른 편이 나아.

_『윈저의 즐거운 아낙네들』 제2막 제2장

Better three hours too soon than a minute too late.
The Merry Wives of Windsor, Act 2 Scene 2

질투심이 많은 남편 포드는 11시에 아내가 다른 남자와 밀회한다는 소식을 접하고 그 현장을 꼭 덮치고야 말겠다는 생각에 이렇게 말한다.

기회의 여신은 앞머리만 있고 뒤통수가 대머리여서 앞에서 올 때 잡아야 한다. 한 번 놓치면 뒤에서는 잡을 수 없다고 한다. 성공하고 싶다면 미리미리 준비해야 한다. 아슬아슬하게 어떻게든 시간 내로만 맞추면 된다는 생각으로는 실패한다.

약속한 시각에도 절대로 늦어서는 안 된다. 그러한 기본적인 것들을 제대로 지키지 않는 사람은 믿음이 가지 않는다.

바쁘다 보니 아무리 해도 빠듯해지는 것은 어쩔 수 없다는 변명은 그만하자. 연신 "바쁘다"고 하는 사람일수록 시간을 잘 활용하지 못하는 사람이다. 발상을 전환하자. '바쁘다'고 느끼는 것은 시간이 없어서인데, 그 이유는 능력이 부족해서 일 처리가 늦거나 능력 이상의 일을 과하게 맡았거나 둘 중 하나이다. 성공의 길은 미리미리 철저하게 준비하는 수밖에 없으니, 항상 시간이 아슬아슬하도록 일하는 사람은 일단 멈춰 서서 자신의 일에 대해 다시 생각해보는 편이 좋겠다.

일찌감치 시작하는 것이 성공의 비결이다.

Shakespeare quotes Ⅱ

삶이 고민된다면

Inspiring Shakespeare Quotes

001

연극의 목적이란 과거에도 현재에도,
말하자면 자연을 향해 거울을 드는 것.

_『햄릿』 제3막 제2장

The purpose of the play, was and is, to hold as 'twere, a mirror up to Nature.

Hamlet, Act 3 Scene 2

여기서 '거울'이란 진실을 비추는 '마법의 거울'이다.

동화 『백설공주』에서 못된 왕비가 거울을 향해 "거울아, 거울아, 거울아, 세상에서 가장 아름다운 사람이 누구지?" 하고 물으면, 거울 앞의 왕비(객관적 사실)를 비추는 것이 아니라 그 자리에 없는 백설공주의 모습(주관적인 진실)이 비치는 것과 같이, 이 거울에는 육안으로는 볼 수 없는 진실을 비추는 기능이 있다.

영어사전에서 'mirror'를 찾아보면 여기에 인용한 대사를 예문으로 들며 '있는 그대로 비춘다'는 뜻으로 정의하기도 하는데, 이는 틀린 말이다. '있는 그대로'가 아니라 마법의 거울(혹은 심안)을 통해서만 보이는 진실을 비추는 것이다.

현실을 있는 그대로 묘사하는 리얼리즘 연극은 셰익스피어의 시대보다 훨씬 뒤인 근대 연극에서 등장한다. 셰익스피어 시대의 연극은 리얼리즘이 아니라 오히려 일본의 교겐狂言, 일본 전통 가면극의 막간에 상연하는 희극에 가깝다.

햄릿은 어머니 거트루드에게 "지금 거울을 보여드리겠습니다, 마음속 깊이까지 살펴보세요"라는 말도 했다. 보통 거울로는 아무리 해도 마음속 깊은 곳 따위를 비출 수 없다. 이 대사를 통해서도 마법의 거울이라는 사실을 알 수 있다.

당신의 마음속을 비추는 거울에는 무엇이 비칠까?

002

미신은 믿지 마. 참새 한 마리가 떨어지는 데도 신의 섭리가 존재해. 언젠가는 무상한 바람이 불지. 지금 분다면 나중에 불지 않을 것이고, 나중에 불지 않는다면 지금 불 거야. 지금이 아니라도 언젠가는 불 터. 각오했느냐 아니냐가 전부야. 아직 남은 인생 따위 아무도 모르니 빨리 사라진다고 해서 뭐라 할 것 없어. 될 대로 되면 됐어.

_『햄릿』 제5막 제2장

We defy augury. There is special providence in the fall of a sparrow. If it be now, 'tis not to come. If it be not to come, it will be now. If it be not now, yet it will come—the readiness is all. Since no man of aught he leaves knows, what is't to leave betimes? Let be.

Hamlet, Act 5 Scene 2

햄릿은 궁정에서 검 시합을 하라는 왕의 제의를 받는데, 불길한 예감이 들었다. 절친한 친구 호레이쇼는 내키지 않으면 경기를 하지 말라고 권하지만, 햄릿은 이 대사를 하며 운명은 받아들일 수밖에 없다고 말한다.

"무상한 바람이 분다"는 말은 '죽는다'는 뜻이다. 사람은 언젠가 반드시 죽는다. 언젠가는 죽음이 찾아오므로 죽음을 두려워해도 어쩔 수 없다.

"각오했느냐 아니냐가 전부"라는 말은 언제 죽어도 좋다는 각오가 되어 있다는 뜻이다. 바로 '사람이 할 수 있는 일을 다 하고 천운을 기다린다'는 마음가짐이 됐다는 의미이다. 자신이 할 수 있는 일을 다 했는가, 최선을 다했는가. 이에 '그렇다'라고 답할 수 있다면 설령 죽더라도 후회는 없을 것이다.

햄릿은 제4막까지 자신의 힘으로 어떻게든 부정을 바로잡으려고 애를 쓰지만, 제5막에서 요릭의 비바람을 맞아 뼈만 남은 해골을 손에 들고 깨달음을 얻는다. 자력으로 어떻게든 해보겠다고 이러니저러니 고민할 것이 아니라 자신의 삶이 덧없음을 인식하고, 하나 더 높은 차원에서 신이 인도하는 대로 자신의 힘을 모두 쏟아내고 최선의 삶을 살아야겠다고 깨닫는다.

한정된 삶을 전부 활용하려면 오히려 인생이 끝나고 자신 또한 흙으로 돌아간다는 사실을 차분한 마음으로 상상하면 좋다.

003

최악의 상황이 되어,
운명으로 인해 완전히 나가 떨어져
구렁텅이에 빠졌다 해도 아직 희망은 있다.
두려워할 것 없다.
위에서 아래로 떨어지는 것을 한탄할 뿐.
아래에서 위로 향할 때는 웃을 일만 있다.

_『리어왕』 제4막 제1장

To be worst,
The lowest and most dejected thing of fortune
Stands still in esperance, lives not in fear.
The lamentable change is from the best;
The worst returns to laughter.
King Lear, Act 4 Scene 1

글로스터 공작의 적자 에드거는 동생이 자신을 속이고 목숨을 노리고 있다고 믿으며 벌거벗은 채 황야를 헤매다 구렁텅이에 빠지는 경험을 한다. 그래도 "떨어질 데까지 떨어졌다면 이제 올라갈 뿐"이라고 낙관적으로 생각하며 이 대사를 말한다.

최고의 상황에서는 이제 내리막길만 남아 있지만, 아래에 있으면 올라갈 일뿐이라는 논리다. 하지만 이 대사를 말한 직후 에드거는 아버지가 눈이 멀어서 비참한 상태로 찾아오는 상황을 마주하며 "'최악'이라고 말할 수 있는 동안에는 아직 최악이 아니다(The worst is not so long as we can say, 'This is the worst')"라고 고쳐 말한다.

그동안 자신이 최악의 상황에 처했다고 생각했는데 전혀 아니었고, 더 심한 상황이 존재했다며 충격을 받는 것이다.

아래에는 아래가 있다는 말이다.

셰익스피어 작품에서 운명은 빙글빙글 도는 물레 같은 이미지로 인식되며, 올라가면 내려가고 내려가면 올라간다고 여긴다. 돌고 있는 본인은 완전히 바닥까지 내려왔는지 어떤지 알 수 없다. 올라갔다 내려갔다 하면서 일희일비하지 않고, 눈앞의 일에 집중하며 한 걸음 한 걸음 나아가는 수밖에 없다.

004

무슨 일이 있어도
시간은 흐른다, 아무리 힘든 날이어도.

_『맥베스』 제1막 제3장

Come what come may,
Time and the hour runs through the roughest day.
Macbeth, Act 1 Scene 3

맥베스는 세 마녀를 만나 '왕이 된다'는 예언과 '코더의 영주가 된다'는 예언을 들은 직후 정말로 코더의 영주가 된다. 이렇게 되면 '왕이 된다'는 예언도 실현될 수 있다고 생각하는 것이 인지상정이다. 다만 그렇다고 하면 현재 왕위에 있는 던컨은 방해가 된다. 맥베스는 왕을 암살하는 상상만 해도 두려워 떨었다. 그리고 자신이 왕이 될 운명이라면 굳이 나서지 않아도 왕이 될 수 있지 않을까, 이런저런 생각에 괴로워하며 이 대사를 한다.

자신이 어떻게 하든 그때는 올 것이고, 그리고 지나갈 것이다. 인간은 생각하지도 못한 일이 일어나면 당황하거나 걱정하지만, 어떤 때에도 냉정하고 싶은 법이다. 그러려면 "그 어떤 난관도 언젠가 끝나는 때가 온다"라고 말하며 자신을 타이르는 것이 중요하다.

『로미오와 줄리엣』에서 추방당한 로미오가 줄리엣에게 작별을 고하게 되었을 때 "지금의 고통도 (머지않아) 즐거운 얘깃거리가 될 거야"라고 말하듯이, 지금의 괴로움을 이겨낸 다음의 앞날을 내다볼 수 있다면 마음이 편해진다.

116쪽의 "바람을 싫어하는 사람이라도 궂은 날씨를 참아낼 수 있어"도 참조하자. 다음 페이지의 "밝지 않는 밤은 없다"는 말과도 매우 유사하다.

005

밝지 않는 밤은 없다.

_『맥베스』 제4막 제3장

The night is long that never finds the day.

Macbeth, Act 4 Scene 3

맬컴 왕자가 맥더프에게 이제 남은 일은 폭군 맥베스를 치는 것뿐이라고 궐기를 호소하는 대사다. 아무리 절망적이고 어두운 밤이라도 반드시 희망의 아침 햇살이 비쳐든다. 힘든 시간을 보낼 때 떠올리고 싶은 대사다.

다만 문장을 있는 그대로 번역하면 '밝지 않는 밤은 기니까 말이야'가 된다. '아무리 긴 밤도 언젠가는 반드시 밝는 법이다'라고 낙관적인 의미로 옮길 수도 있는데, 여기에는 비관적인 의미가 담겨 있다는 이론의 여지가 있다.

낙관적이냐 비관적이냐, 그것이 문제로다.

셰익스피어 번역의 재미있는 점과 어려운 점은 다양한 의미로 읽을 수 있다는 점이다. 여기서는 부인과 자식이 살해당해 비통해하는 맥더프의 대사가 아니라 그런 그를 위로하려는 맬컴의 대사라는 점과 맬컴이 직전에 "맥베스는 다 익은 열매라 곧 떨어질 테니 궐기하기만 하면 된다"는 의미의 말을 했다는 점을 고려하면, 그가 낙관적인 의미로 이 대사를 했다고도 해석할 수 있다. '다 익은 열매'는 "익으면 손을 대지 않아도 땅에 떨어진다"(176쪽)는 뜻이다.

006

저리 작은 촛불이
이토록 멀리까지 비추다니요!
선행도 악한 세상을
저렇게 비추는군요.

_『베니스의 상인』 제5막 제1장

How far that little candle throws his beams!
So shines a good deed in a naughty world.
The Merchant of Venice, Act 5 Scene 1

남장을 하고 재판관 역할을 무사히 마친 포샤는 여자의 모습으로 돌아와 네리사와 함께 벨몬트로 돌아온다. 그러다 저택 안에 켜진 촛불이 어두운 밤길을 멀리까지 비추고 있음을 깨닫고 이렇게 말한다.

'선행'은 깜깜한 세상에 켜진 작은 촛불처럼 그 빛이 약할지언정 멀리까지 희망의 빛을 내뿜는다. 많은 사람이 어둠 속에서 빛이 보이면 구원받는다.

뛰어난 것은 반드시 세상에 널리 알려진다는 비유를 동양권에서 찾아보자면, 『한시외전』에 "좋은 옥척을 건너면 열 길의 흙이 있다 해도 그 빛을 덮을 수 없다"(좋은 보석은 작아도 찬란하게 빛나므로, 흙으로 덮어도 그 빛을 가릴 수 없다)라는 말이 있다. 반대로는 "좋은 일은 문을 나서지 않고 나쁜 일은 천 리를 간다"라는 말이 있다(셰익스피어의 '악사천리'에 대해서는 21쪽을 참조하기 바란다).

포샤는 분명 안토니오의 생명을 구한 자신의 행위를 '좋은 행위'로 여기며 아무런 양심의 가책을 느끼지 못할 것이다. 그렇지만 그녀의 행동은 동시에 샤일록의 인생을 짓밟는 것이기도 했다. 그 양의성을 인식하는 관객들로서는 포샤의 발언에도 문제가 있다고 느낄 수 있을 것이다.

007

확고한 이유는 확고한 행동으로 이어진다.

_『존 왕』 제3막 제4장

Strong reasons make strong actions.

King John, Act 3 Scene 4

사자왕 리처드 1세가 세상을 떠난 후 그의 동생 존이 잉글랜드 왕이 되었는데, 원래는 존의 형인 제프리의 아들 아서에게 왕위 계승권이 있었다. 아서의 어머니 콘스탄스가 왕위 탈환을 위해 프랑스 왕 필립에게 도움을 청하자 프랑스 왕세자는 아서를 옹호하고 잉글랜드 진군을 결심하며 이렇게 말한다.

인간은 때로 열심히 하려는 마음에 이것저것 방대한 노력을 들이곤 하는데, 만약 그 일에 상대가 존재한다면 상대방에게 '확고한 이유'를 밝히기만 하면 된다. 확실한 데이터를 바탕으로 근거를 댈 수 있다면 취해야 할 행동이 명확해진다. 반대로 '확고한 이유'를 댈 수 없으면 아무리 열의를 가지고 임해도 상대를 움직일 수 없다.

자신에 대해서도 마찬가지로, 막연한 기분으로 행동하면 무엇인가에 방해받거나 기분이 새서 하려던 일을 다 하지 못하는 경우가 있다(22쪽).

시작할 때의 동기가 약해지며 '뭐, 됐어'라는 생각이 드는 것은 인지상정이다. 『햄릿』에 나오는 "지금은 파란 열매, 나무를 꼭 붙잡고 있으려 해도 익으면 손을 대지 않아도 땅에 떨어질지니"라는 말은 그러한 뜻이다(176쪽).

행동을 관철하려면 늘 마음속으로 확고한 이유를 생각하자. 하고 싶다고 막연히 생각할 것이 아니라 왜 그래야 하는지를 생각하는 것이다.

008

독 한 방울이 드넓은 바다를 해칠 수 있을까.
그 드넓은 바다가 악을 집어삼켜
악을 악으로 두지 않는데?

_『에드워드 3세』 제2막 제1장

What can one drop of poison harm the sea,
Whose hugy vestures can digest the ill
And make it lose his operation?
Edward III, Act 2 Scene 1

훌륭한 인물이라는 믿음을 주던 에드워드 3세는 솔즈베리 백작 부인 조안의 미모에 놀라 사랑에 빠졌고, 부인의 아버지인 워릭 백작에게 딸을 바치라고 명한다. 워릭 백작은 하는 수 없이 왕의 뜻에 따라 딸을 설득하며 이렇게 말한다.

남편이 있으면서 왕에게 안기는 것은 죄이자 악이지만 '드넓은 바다'와도 같은 왕의 뜻이니 악이라고는 말할 수 없다는 뜻이다. 『오셀로』에서도 에밀리아가 '나쁜 짓을 해서 이 세계가 자신의 것이 된다면, 이 세계의 지배자로서 그것은 나쁜 일이 아니라고 하면 된다'는 의미의 말을 한다.

참고로 『에드워드 3세』는 셰익스피어가 후배 극작가인 존 플레처와 공동으로 집필한 작품인데, 케임브리지대학교 존 케리건 교수를 비롯한 셰익스피어 학자들은 이 세 줄은 틀림없이 셰익스피어가 썼다고 본다.

한 방울의 독이라도 대해를 더럽힌다. 일찍이 바다에 수은을 흘려보내 미나마타병이 발병했는데, 해양 오염은 지금까지도 문제다. 현재는 물에 녹지 않는 플라스틱 쓰레기 등으로 인한 오염이 큰 문제가 되고 있다. 조금쯤 나쁜 짓을 해도 별일 없을 것이라는 생각은 접어야 한다.

009

불행이란 것은
견디는 힘이 약하다고 알아채면
그곳을 무겁게 짓누른다.

_『리처드 2세』 제1막 제3장

Woe doth the heavier sit
Where it perceives it is but faintly borne.
Richard II, Act 1 Scene 3

왕 리처드 2세는 헨리 볼링브로크에게 6년간의 추방 명령을 내린다. 그런 헨리에게 아버지 랭커스터 공작 곤트의 존은 “추방당했다고 생각하지 말고 유학하러 외국에 간다”고 생각하라며 이런 말을 한다.

똑같은 괴로운 처지에 처해도 스트레스를 받는 사람과 잘 버티는 사람이 있다. 불행의 크기는 자신의 마음가짐에 따라 달라진다. 낙심하고 자신감을 상실하면 어떤 일이든 결코 호전되지 않는다. 햄릿은 우울하고 나약할 때 ‘악마가 허점을 파고든다’고 생각했다.

『오셀로』에서는 딸을 잃었다고 한탄하는 브라반쇼에게 공작이 이렇게 말한다.

> 지나간 불행을 한탄하는 미련한 자는
> 새로운 불행을 초래하는 법.
> 운에 빼앗기고, 잃어버린 슬픔,
> 인내하면 엷어지는 괴로움.
> 빼앗기고 미소 짓는 자는 되찾을 수 있다, 도둑에게서.
> 무익한 비탄에 잠기면 평온함을 빼앗는다, 스스로에게서.

셰익스피어는 강한 인내심을 가지라고 말한다.

010

한 번 더 저 돌파구로, 제군들이여, 한 번 더.
그렇지 않으면 영국 병사의 시체로
저 구멍을 막아버려라.
평화로운 시대에는 눈에 띄지 않는 조용함과
겸손만큼 남자에게 어울리는 것도 없지만,
전쟁의 폭풍이 귀청을 찢으면 호랑이처럼 행동하라.

_『헨리 5세』 제3막 제1장

Once more unto the breach, dear friends, once more,
Or close the wall up with our English dead.
In peace there's nothing so becomes a man
As modest stillness and humility:
But when the blast of war blows in our ears,
Then imitate the action of the tiger.
Henry V, Act 3 Scene 1

하플러 공성전(프랑스어로는 아르플뢰르 포위전, 1415년)에서 프랑스를 상대로 승리할 때, 헨리 5세는 이렇게 말하며 병사들을 고무한다.

열심히 하고 싶을 때나 "포기하지 말라"고 말하고 싶을 때 자주 인용되는 대사다. 용맹스러워 보이는 대사지만, 요컨대 "돌격!"이라는 말이고, 돌격한 결과 시체가 되어 구멍을 막게 될 병사들을 그다지 대수롭지 않게 여기는 대사이기도 하다.

과거에는 이런 대사로 단순히 기세가 올라 돌격하는 혈기 왕성한 사람들이 많았지만, 최근에는 전쟁에 대해 더 진지하게 생각하는 풍조가 강해지면서 점점 이런 대사를 단순히 '멋있는 대사'로서 끝낼 수 없게 됐다.

『헨리 5세』에서 셰익스피어도 전쟁터에서 죽어가는 병사들의 목소리를 빌려 돌격을 명하는 왕의 모순을 표현했다. 전쟁을 하면 사람이 죽는다는 사실을 정확히 묘사한 것이다.

대사 후반부에 남자라면 호랑이가 되라는 발언도 젠더 의식 수준이 높아진 지금에 와서는 문제 발언일 것이다.

그렇다고는 해도 첫 문장 '한 번 더 저 돌파구로, 제군들이여, 한 번 더'는 추상적인 의미로 쓸 수 있다.

011

올곧아라, 그리고 두려워하지 말라.

_『헨리 8세』 제3막 제2장

Be just and fear not.

Henry VIII, Act 3 Scene 2

더없는 부귀영화를 누리던 추기경 울지는 실각하여 깊이 반성하고, 부하 크롬웰에게 같은 실패를 되풀이하지 않도록 야심을 품지 말고 나라를 위해 애쓰라고 말한다.

이 말은 유엔 사무차장이기도 했으며, 『무사도(武士道)』를 저술한 니토베 이나조(新渡戸稲造)의 좌우명이기도 하다. 마찬가지로 니토베가 저술한 『자경록(自警録)』에서 그는 다음과 같이 기록했다.

> 요컨대 마음속만 활짝 개 있다면 어떤 일이 생기더라도 무서울 것도 두려울 것도 없어진다고 나는 확신한다. 그렇기에 사람들 앞에 나설 때 겁이 난다면 조금 물러서서 "나의 마음에 꺼림칙한 점이 있는가?" 하고 반문하는 것이 중요하다. 겁이 많은 나에게 일대 흥분제가 된 교훈은 셰익스피어의 'Be just and fear not', 이 한마디다.

『자경록』에서 니토베는 처음으로 영어 연설을 했을 때 두려움을 어떻게 해소했는지 이야기한다. 자신이 없는 데다 장 내 분위기에 압도당한 니토베는 매우 동요했는데, 영어가 서툴러도 자신에게는 전해야 할 것이 있음을 자각하고, 상대(청중)를 믿음으로써 두려움이 가라앉았다고 한다.

니토베처럼 셰익스피어에게서 배우고 싶을 뿐이다.

012

인생은 화복이 꼬인 줄 같은 것이다.

_『끝이 좋으면 다 좋아』 제4막 제3장

The web of our life is of a mingled yarn,
good and ill together.
All's Well That Ends Well, Act 4 Scene 3

프랑스인 귀족 두 사람의 대화 중에서 로실리온 백작 버트람의 아내가 죽었다는 잘못된 정보를 토대로 이런 대화가 오간다.

"울고 싶구나, 백작이 그 부고를 듣고 기뻐하고 있을 것이라 생각하니."

"인간은 때때로 손해를 보면서 얼마나 기뻐하는가."

"그리고 또 득을 보면서 얼마나 슬퍼하는가."

그 직후에 이 명문구가 나온다.

'낙이 있으면 괴로움도 있고, 괴로움이 있으면 낙도 있다'라는 말과 '일희일비'처럼 삶에는 기쁨도 슬픔도 있다는 뜻이기는 하지만, 그 속뜻은 '인간만사 새옹지마'에 가깝다. 즉 불행이라고 생각한 일은 사실 행복이고, 행복이라고 생각한 일은 사실 불행이라는 뜻이다.

참고로 새옹지마 일화는 다음과 같다. 노인의 말이 행방불명되었는데, 사람들이 이를 안됐다고 여기자 노인은 다행이라고 말했고, 말이 근사한 말을 데리고 돌아왔다. 사람들이 축하하자 노인은 이를 재앙이라고 했는데, 정말로 노인의 아들이 낙마하여 다리뼈가 부러졌다. 사람들이 위로하자 노인은 다행이라고 했고, 노인의 자식만 병역을 면해 살았다는 이야기다.

예를 들어 원고 데이터를 날리는 불운한 일이 일어나도 '그 원고는 다시 썼어야 했어' 하고 긍정적으로 생각할 수 있으면, 스트레스로부터 자유로운 삶을 살 수 있게 된다.

013

끝이 좋으면 다 좋아요.
결말이 전부죠.
지나온 길이 어떠했든
마지막이 꽃을 곁들이는 것이에요.

_『끝이 좋으면 다 좋아』 제4막 제4장

All's well that ends well; still the fine's the crown.
Whate'er the course, the end is the renown.
All's Well That Ends Well, Act 4 Scene 4

헬레나는 왕의 명령으로 어려서부터 동경하던 로실리온 백작 버트람과 결혼하게 되었지만, 버트람은 신분이 낮은 그녀를 싫어하며 "내 아이를 임신하고 내 반지를 끼면 아내로 인정해주겠어, 하지만 그런 날은 오지 않을 것이야"라고 선언한다. 헬레나는 남편이 출정 나간 곳에서 아름다운 부인 다이애나에게 구애 중이라는 사실을 알고는 그녀에게 "버트람의 요구를 들어주는 척하세요, 그리고 밤에 당신 대신 제가 침소에 들게 해주세요"라고 부탁한다. 그리하여 어둠 속에서 남편은 자신의 아내인 줄도 모르고 헬레나를 안고 반지를 주고받는다. 이 대사는 일이 잘 풀리고 나서 헬레나가 다이애나에게 하는 말이다. 극 전체의 제목이기도 하다.

헬레나는 한 번 더 일이 꼬이는 듯할 때 "끝이 좋으면 다 좋아"라는 대사를 입에 담는다. 놀라울 정도로 의지가 강한 여성이다.

아무리 힘들어도 마지막에 '잘됐다'는 생각이 든다면, 그것으로 됐다는 말이다. 금메달을 노리는 선수도 이렇게 자신을 타이르며 열심히 하는 것일까. 힘들 때 떠올리고 싶은 대사다.

결과가 전부라고 생각될 때는 강하게 나가는 수밖에 없다. 그렇지만 어딘가에서 운도 믿지 않으면 살아갈 수 없을 것이다(126쪽).

014

우리는 꿈을 짜서 만들어내는 실과도 같아.
그 보잘것없는 인생은
잠들며 매듭을 짓지.

_『폭풍우』 제4막 제1장

We are such stuff
As dreams are made on: and our little life
Is rounded with a sleep.
The Tempest, Act 4 Scene 1

전 밀라노 공작 프로스페로는 딸 미란다와 그녀의 연인인 나폴리의 왕자 퍼디난드에게 요정들이 벌이는 쇼를 보여준다. 그 여흥은 금세 사라지고 연기하던 요정들도 공기 속으로 사라진다. 프로스페로는 우리의 삶도 이와 마찬가지로 덧없이 사라질 것이라고 말한다. 왜냐하면 우리는 꿈을 형성하는 재료와 같은 것이며, 꿈이 사라지듯 우리 또한 사라지기 때문이다.

삶을 마감하는 '잠'이란 '죽음'을 말한다. 여기에는 삶이 덧없다고 생각하는 '메멘토 모리'(memento mori, 죽음을 생각하라) 사상이 깔려 있다.

프로스페로가 요정들이 벌이는 쇼가 사라지는 것을 보면서 이렇게 말한 배경에는 인생을 연극에 비유하는 '테아트룸 문디'(Theatrum mundi, 세계는 하나의 무대이다) 사상도 있다. 인생이라는 연극은 죽음으로 끝나는 것이다.

『한여름 밤의 꿈』 제5막 제1장에서 테세우스 공작은 바텀들이 연기하는 우스꽝스러운 연극을 보면서 "최고급 연극도 그림자에 지나지 않아"라고 말한다.

연극은 허구이며 실체가 없는 그림자다. 우리 자신의 삶이라는 연극도 그림자나 꿈처럼 덧없이 사라지는 것이다. '한단지몽' 한단이란 곳에서 여웅이 80년 동안 부귀영화를 누렸는데, 알고 보니 꿈속에서 일어난 일이었다는 내용 일화처럼 인생은 꿈이다.

015

인생은 짧아.
그 짧은 인생도 비열하게 살면 너무 길지.

_『헨리 4세』 제1부 제5막 제2장

The time of life is short.
To spend that shortness basely were too long.
Henry IV, Part 1, Act 5 Scene 2

◆

헨리 4세가 정통 왕이 아니라는 사실을 알게 된 헨리 퍼시는 왕을 타도해야 한다고 기염을 토하며 이렇게 말한다.

공을 세워 이름을 떨치고 싶은 퍼시의 강렬한 마음은 '뜨거운 핫스퍼' hotspur, 맹렬하고 성급한 사람이라는 뜻라는 별명이 보여준다. 그는 불같은 성격에 절대로 질질 끄는 삶을 보낼 수 없는, 어떤 일을 하려고 마음먹으면 격렬하게 행동하며 굵고 짧게 사는 타입이다.

인생은 짧다. 햄릿도 "인생 따위 하나 하고 세는 사이에 끝나니까"(제5막 제2장)라고 말한다. 죽음을 강하게 의식했기 때문이다.

인간의 생명이 덧없음을 강하게 인식하는 '메멘토 모리'라는 당시의 사상 밑바탕에 깔려 있었던 것은, 사람은 티끌(흙)에서 태어나 티끌(흙)로 돌아간다는 기독교적인 생각이었다. 햄릿도 "불쌍한 요릭"이라고 말하면서 비바람을 맞아 뼈만 남은 해골을 손에 들고, 죽음에 대해 명상한다. 이윽고 썩어 없어질 육체라는 흙을 두른 인간은 현세라는 일시적인 세상에서 한순간의 생명을 부여받은 것에 불과하다. 머지않아 하늘에 있는 신의 품으로 돌아가야 한다.

짧은 인생이란 곧 꺼져버리는 촛불, 곧 끝날 연극과도 같다(190쪽). 짧은 인생이기에 더욱 소중히 여기며 살아야 한다.

Shakespeare quotes Ⅲ

인간관계로 고민한다면

Inspiring Shakespeare Quotes

001

인간은 미소 짓고, 미소 지으며
악당이 되기도 하는구나.

_『햄릿』 제1막 제5장

That one may smile and smile and be a villain.
Hamlet, Act 1 Scene 5

망령이 햄릿에게 "현재 왕관을 이고 있는 국왕 클로디어스는 선대왕을 시해한 악당이다"라고 전하자 그는 숙부의 웃는 얼굴을 떠올리며 이렇게 말한다.

자못 악당 같은 얼굴을 하고 나쁜 짓을 하는 것은, 어떤 의미로는 알기 쉽다. 질이 나쁜 것은 생글거리는 얼굴을 하고 사람을 속이는 자이다. 그러나 『맥베스』 제1막 제4장에서 던컨 왕이 "얼굴을 보고 사람의 마음을 읽을 길은 없다"고 말했듯이 선해 보이는 얼굴을 한 사람도 뒤에서 나쁜 짓을 하고 있을지 모른다. 제2막 제3장에서는 던컨 왕이 살해당한 후 도널베인 왕자가 "여기서는 웃는 얼굴의 그늘에 단검이 숨어 있다"고 말하고는 달아난다.

『오셀로』에서도 장군 오셀로는 정직한 이아고로 불리던 악당에게 속는다. 『리처드 3세』 제3막 제1장에서는 리처드 자신이 "겉모습은 신(神)도 아시겠지만, 마음과 일치하는 일이 별로, 아니, 전혀 없어"라고 말한다. 그런 그도 글로스터 백작 신분이었을 때 "나는 미소 짓고 미소 지으며 사람을 죽일 수 있다"(『헨리 6세』 제3부 제3막 제2장)고 했었다.

셰익스피어 작품에서는 겉보기와 내면, 겉모습과 본질은 다르다는 주제를 자주 다룬다(200쪽).

002

참을성이 부족한 놈은 어쩔 수 없군!
어떤 상처라도 조금씩 낫는 법이야.
마법의 주문을 외울 수는 없잖아. 머리를 써.
지혜는 느긋하게 흐르는 시간과 함께 흐르거든.

_『오셀로』 제2막 제3장

How poor are they that have not patience!
What wound did ever heal but by degrees?
Thou know'st we work by wit and not by witchcraft,
And wit depends on dilatory time.
Othello, Act 2 Scene 3

시골 신사 로데리고는 이아고에게 아름다운 데스데모나와 친밀한 관계를 맺어주겠다는 말에 속아서 돈을 뜯기고, 얻어맞고, 곤욕을 치른 끝에 이제 그녀를 포기하고 베니스로 돌아가겠다고 한다. 아직도 그를 이용하고 싶은 이아고는 이 대사를 구사하며 교묘하게 로데리고를 구슬린다. 이아고는 이처럼 격언 같은 대사를 많이 사용하는데, 전부 상대방을 말로 구워삶기 위한 농간일 뿐이다.

참을성이 중요하다는 점은 셰익스피어 작품 곳곳에서 회자된다. 참을성이 일곱 가지 미덕 '겸손', '자애', '자비', '근면', '인내', '절제', '정절' 중 하나이기 때문일 것이다. 그러나 연극으로 만들기에 더 재미있는 것은 7대 죄악인 '오만', '분노', '질투', '나태', '탐욕', '폭식', '색욕'으로, 셰익스피어는 자주 등장인물들이 "어떻게 참아"라고 외치게 만들고는 한다. 『헛소동』 제5막 제1장에서 레오나토는 동생이 "인내하라"고 자신을 타이르자 "슬픔에 짓눌린 자에게 인내하라고 설득하는 것은 누구나 할 수 있지만, 아무리 덕을 쌓았고 사리를 아는 사람이라도 자기 자신이 그런 일을 겪으면 인내할 수 없다"고 말한다.

누군가가 빨리 결과를 내라고 재촉하면 "셰익스피어가 '어떤 상처든 조금씩 아물기 마련이니 참을성이 중요하다'고 그랬어요" 하고 얼버무려보자.

003

눈앞의 공포 따위는
무서운 상상에 비하면 별것 아니다.

_『맥베스』 제1막 제3장

Present fears are less than horrible imaginings.
Macbeth, Act 1 Scene 3

장군 맥베스는 황야에서 세 마녀로부터 "곧 왕이 될 것이다"라는 예언을 듣는 바람에 던컨 왕을 암살하는 장면을 상상하고 만다. "그 무서운 광경을 떠올리기만 해도 소름이 끼치고, 평소의 나답지 않게 심장이 격하게 고동친다"고 하며 이 대사를 말한다.

그는 전쟁에서 귀환했으니 '눈앞의 공포'란 전쟁터에서의 살육 행위를 가리키는 것으로 보인다. 전쟁터에서 사람을 죽이는 것은 예기된 행위이기에 특별한 일이 아니지만, 많은 백성에게 사랑받는 선량한 국왕을 시해한다는 것은 생각지도 못한 일이며, 상상만 해도 끔찍한 공포에 휩싸인다는 것이다.

이 대사는 이렇게 이어진다. "아직 살인을 상상했을 뿐인데, 그 생각이 이 몸을 덜덜 떨리게 만들어. 생각만 해도 오감의 기능이 멎어버려. 존재하리라 생각하는 것은 실제로는 존재하지도 않는 것뿐이야(Nothing is, but what is not)." 마지막 문장은 그야말로 셰익스피어다운 표현인데, 여기서 is는 exists와 동의어로, '실재하지 않는 것 이외에는 아무것도 존재하지 않는다'는 의미이다. 마음속에서 인식한 것(심상 = 판타즈마)fantasma, 환영, 상상, 망령, 유령 등을 뜻한다이야말로 그 사람의 세계를 형성한다는 셰익스피어의 인식론이 나타나 있다.

현실 사회에서 경악할 만한 끔찍한 살인 사건이 일어나는데, 그것도 처음에는 살인자가 생각했던 '무서운 상상'이었던 셈이다.

004

즐거운 수고는 고생이 아니야.

_『맥베스』 제2막 제3장

The labour we delight in physics pain.

Macbeth, Act 2 Scene 3

던컨 왕을 암살한 다음 날 아침, 맥베스는 아무 일 없었다는 듯이 시치미를 뚝 떼고 귀족 맥더프를 성으로 부른다. 맥더프가 "수고하셨습니다"라고 말하자 맥베스는 이렇게 답한다.

맥베스는 왕과 그 일행을 대접했는데, 그들이 즐거워해서 기뻤기 때문에 대접하느라 한 수고는 수고가 아니라는 뜻으로 말한 것이다. 인간은 다른 사람이 기뻐하면 만족을 느끼는 법이다.

영어 표현에서는 무언가 감사 인사를 들었을 때 "저의 기쁨이에요(My pleasure)"라고 대답하기도 한다. 누군가가 기뻐하면 자신도 기쁨을 느낀다. 상대가 감사하며 기쁘다고 표명했을 때는 "저야말로(Pleasure is mine)"라고도 할 수 있다.

『베니스의 상인』에서도 재판관 역할을 맡아 무사히 안토니오의 생명을 구한 포샤는 바사니오 등이 감사 인사를 하자 "도움을 준 것으로 충분히 보상을 받았어요, 그 이상은 바라지 않아요"라고 답한다. 금전적인 보수를 받기 위함이 아니라 누군가에게 도움이 되고 싶어서 일한다는 발상은 매우 중요하다. 노동을 그저 고용 계약으로만 생각하는 사고방식을 가지면 인생이 무미건조해진다.

타인뿐만 아니라 자신에 대해서도 즐기는 것이 중요하다. "즐기면서 하면 괴로움은 잊힌다"(158쪽)는 말도 참조하자.

005

인간은 어찌 이리도 바보인지요!

_『한여름 밤의 꿈』 제3막 제2장

Lord, what fools these mortals be!

A Midsummer Night's Dream, Act 3 Scene 2

요정 퍽이 연애 소동에 뛰어다니는 연인들의 모습을 보며 하는 대사다.

결코 인간을 경멸해서 한 말이 아니다. 여기에는 '인간이란 어리석은 존재'라는 인문주의(휴머니즘) 사상이 밑바탕에 깔려 있다. 오로지 신만이 항상 옳으며, 인간은 틀리는 법이어서 어리석은 존재라고 인식해야 한다는 사상이다.

셰익스피어는 이 인문주의 사상에 입각해 작품을 그렸다. 인문주의자로는 『우신예찬』을 쓴 에라스뮈스(1466~1536년)와 『유토피아』를 저술한 토머스 모어(1478~1535년) 등이 있다. 토머스 모어는 셰익스피어가 다른 극작가들과 함께 연극으로 꾸민 인물이다(251쪽).

인간은 어리석은 짓을 하기에 인간적이다. 그중에서도 가장 근사한 어리석은 짓이 연애다.

요정 퍽은 연인들의 연애 소동을 지켜보면서 이를 경사스럽게 여기며 축복한다. 덧붙여 '인간'이라는 말은 영어로 'mortals'(죽어야 할 운명인 자)이며, 여기에는 '메멘토 모리'라는 사상이 깔려 있다.

'난 정말 바보야'라고 생각하면서도 그런 자신을 사랑할 수 있다면, 가장 셰익스피어 같은 삶을 살고 있다고 할 수 있을 것이다.

006

높이 솟으면 솟을수록 강한 바람이 불지.
떨어지면 산산조각이 날 것이야.

_『리처드 3세』 제1막 제3장

They that stand high have many blasts to shake them,
And if they fall, they dash themselves to pieces.
Richard III, Act 1 Scene 3

장미전쟁에서 왕권 다툼에 패한 랭커스터 가문의 전 왕비 마거릿은 현 왕비 요크 가문의 친족에게 높은 곳에서 떨어지는 비참함을 알라며 원한을 모조리 털어놓는다.

높은 자리에 있는 사람은 그만큼 비판도 받고 실추되면 다시 일어설 수 없다는 뜻이며 '높은 나무에는 바람이 세다', '고목은 바람에 꺾인다', '모난 돌이 정 맞는다', '명예는 비방의 근원이다'라는 속담과도 취지가 비슷하다.

사회적으로 높은 위치에 있는 인간에게는 노블레스 오블리주가 있어 사회에 공헌하는 것이 당연하다고 여긴다. 그렇기에 사회적인 주목을 받는 사람은 보통 사람 이상으로 봉사하는 것이 당연하고, 그렇게 하지 못하면 비판을 받거나 험담을 듣기 쉽다.

당시에는 운명의 여신이 물레를 돌려 회전함에 따라 사람이 오르락내리락한다고 여겼다(47쪽). 『리어왕』 제5막 제3장에서는 높은 곳을 노린 에드먼드가 "운명의 물레가 한 바퀴 돌아 내 꼴이 이렇게 됐다"며 자신이 땅에 떨어진 사실을 말하고, 『안토니와 클레오파트라』 제4막 제15장에서는 클레오파트라가 곧 죽을 듯한 안토니를 앞에 두고 운명에 욕을 퍼붓고 그 물레를 부숴버리라며 한탄한다. 어떤 일이든지 중도를 지키는 것이 중요하지 않을까.

007

큰 기대를 하다가 기대에 어긋나고
희망 없이 절망으로 가득할 때
잘되는 일도 있는 법입니다.

_『끝이 좋으면 다 좋아』 제2막 제1장

Oft expectation fails and most oft there
Where most it promises, and oft it hits
Where hope is coldest and despair most fits.
All's Well That Ends Well, Act 2 Scene 1

왕의 난치병을 고치면 어떤 소원이든 들어준다고 들은 헬레나는 왕을 찾아가지만, 왕이 "이미 의학계의 뛰어나고 빼어난 사람들이 모여 인간의 기술로는 고칠 수 없다고 결론을 내렸으니 시도할 것 없다"고 하자 이렇게 대답한다.

셰익스피어의 명언으로 '기대는 모든 심적 고통의 근원이다'(Expectation is the root of all heartache)란 말을 언급하고는 하지만, 사실 그는 그런 말을 한 적이 없다. 가장 비슷한 것이 헬레나가 한 이 대사다.

기대가 크면 그것이 충족되지 못했을 때의 실망도 크다. 인간관계(특히 부부관계)에서는 상대가 해주는 것을 당연하게 여기고 감사 표시를 하지 않거나, 기대에 부응하지 못한다고 불만을 토로하여 어색해지는 일이 있다. 의사 표현을 확실히 할 필요가 있다. 무언가를 받고 싶을 때는 상대방에게 분명하게 전달하자. 그리고 뜻대로 되지 않더라도 상대방을 비난하지 말고 자신의 설명이 부족했을 수도 있다고 생각하자.

반대로 '호박이 넝쿨째 굴러떨어졌다'란 속담에서도 알 수 있듯이, 기대하지 않으면 기쁨은 더 커진다. 스트레스받지 않는 삶을 사는 데 기본이 되는 것은 '기대하지 않는다'이다. 그러니 '실망도 절망도 하지 않는다'는 마인드가 중요하다.

008

그 어떤 좋은 사람이라도
죄로부터 태어난다고 합니다.
그리고 나쁜 면이 조금 있기에
점점 좋아지는 것이지요.

_『자에는 자로』 제5막 제1장

They say best men are moulded out of faults,
And for the most, become much more the better
For being a little bad.
Measure for Measure, Act 5 Scene 1

『자에는 자로』의 마지막 재판 장면에서 마리아나는 공작 앞에 무릎을 꿇고 남편 안젤로의 죄를 사면해주십사 청하며 이렇게 말한다. “모든 사람은 죄인입니다”(『로마인들에게 보낸 편지』 제3장 제9~20절)라는 말처럼 인간에게는 원죄가 있어 누구나 죄인이라고 인식하면 서로 용서하겠다는 생각이 든다. 자신은 아무 잘못도 하지 않았다는 생각은 정신 건강상으로는 괜찮겠지만, 자신도 모르는 사이에 누군가를 힘들게 했을 수도 있다고 생각하는 것 또한 중요하다.

자신의 정의를 내세우며 거만하게 굴 것이 아니라 어쩌면 자신에게도 잘못한 점이 없지는 않았는지 늘 스스로를 다잡듯이 행동해야 한다. 자신의 잘못을 인정해야 한다는 것은 인문주의의 발상에 근거한다.

인간은 누구나 과오를 범하는 법이다.

옳고 그름은 자기 안에서만 갖는 것으로, 다른 사람에게 강요해서는 안 된다. 나에게는 옳아도 다른 사람에게는 옳지 않을 수도 있으니 말이다.

자신의 정의를 다른 사람에게도 바라면 싸움이 일어난다. 국가 간에서는 전쟁이 벌어진다. 국가 간의 분쟁을 보면 정의는 하나가 아니라는 사실을 알 수 있을 것이다.

009

아아, 분노가 과묵하고
화가 입을 다무는 일이 있는가.

_『타이터스 앤드로니커스』 제5막 제3장

O, why should wrath be mute, and fury dumb?
Titus Andronicus, Act 5 Scene 3

악당 아론이 한 대사다. 이어서 그는 이렇게 호언장담한다.

"이 몸은 하찮은 기도로 내가 저지른 나쁜 짓을 후회하는 아기가 아니야. 할 수만 있다면 지금까지의 만 배는 나쁜 짓을 하고 싶던 차다. 내 평생에 선행을 단 하나라도 베풀었다면, 나는 진심으로 후회할 것이다."

애초에 분노는 7대 죄악 중 하나이며 인내와 절제로 다스려야 하는데, 아론이 참을 리도 만무하고, 들끓는 분노를 쏟아낸다. 아론처럼 사사로운 분노로 시끄럽게 꽥꽥거려도 별수 없다. 난폭한 자와 악질적으로 불평불만을 내뱉는 자가 분노를 호소해도 민폐 행위일 뿐이다. 머리에 피가 끓는 사람에게는 거트루드가 아들 햄릿에게 말했듯이 "흐트러진 마음의 뜨거운 불길에 인내의 찬물을 끼얹거라"라고 할 수밖에 없다.

그러나 사회에 부정과 도리에 어긋난 것이 있다면 가만있을 일이 아니다. 목소리를 내어 항의해야 한다. 물론 셰익스피어도 표현했듯이 사회적 권력을 가진 자의 부정을 바로잡기는 쉽지 않지만, 분노의 목소리를 내지 않으면 사회는 달라지지 않는다. 분노를 느낀다면 그것이 단지 자신의 개인적인 감정에 기인하는 것인지, 아니면 다른 사람들에게도 호소해 더욱 큰 목소리를 내야 하는 일인지를 생각하자.

010

모든 것을 용서하겠다.

_『심벨린』 제5막 제5장

Pardon's the word to all.

Cymbeline, Act 5 Scene 5

아내의 불의라는 거짓 이야기를 듣고 인생을 망치기 직전이던 포스추머스는 무릎을 꿇고 용서를 비는 악당 이아키모를 용서한다. 이 모습을 본 심벨린 왕이 한 대사다.

용서는 로맨스 극에서 중요한 주제 중 하나다. 용서란 상대방에게 당한 끔찍한 행위를 잊는다는 의미가 아니다. 지나간 일은 지나간 일로서 흘려보내자는 말도 아니다.

예를 들어 절대 용서할 수 없는 끔찍한 일을 당하면, 사람은 그 범행이나 그로 인해 받은 고통을 반복해서 떠올리고 용서할 수 없다는 마음이 점점 커진다. 그것은 인간인 이상 자연스러운 감정이다. 그런데도 '용서하자'고 생각할 수 있는 사람은 다른 사람이 있기에 자신도 살아갈 수 있다는 사실을 인식하고 있는 사람이다. '신께서 그리스도를 통해 너희를 용서하셨듯이 서로를 용서하라'(『에페소인들에게 보낸 편지』 제4장 제32절)와 '저희의 빚을 용서해주십시오, 저희도 저희에게 빚진 자들을 용서했습니다'(『마태오의 복음서』 제6장 제12절) 등 신약성서의 말씀에서 알 수 있듯이, 자신의 죄를 신에게 용서받고자 생각하는 자가 다른 사람도 용서할 수 있는 법이다.

용서란 신 앞에서 상대방도 자신도 똑같이 덧없는 존재로 인식하고, 상대의 존재를 받아들인다는 것이다.

011

잔혹한 말을 하는 것도 친절하기 때문입니다.

_『햄릿』 제3막 제4장

I must be cruel only to be kind.

Hamlet, Act 3 Scene 4

'거실 장면'에서 햄릿은 어머니 거트루드를 심하게 문책하는데, 이는 어머니를 위해서였다. 그는 어머니에게 더는 숙부의 침소에 가까이 가지 말라고 경고하며 "하늘에 참회하고, 과거를 뉘우쳐 앞으로의 죄를 피하세요"라고 강하게 말한다.

Kind라는 말은 원래 '종류', '연결'을 가리키는 말로, 부모 자식 등 혈연이라면 당연하게 생기는 '정'을 가리킨다. 어머니라면 자신이 낳은 어린아이에게 자연스럽게 애정을 느낀다. 여기서 '친절하다'는 의미가 생겨났다. 상대를 진심으로 위한다면 때로는 싫은 말도 해야 한다.

이와 가까운 일본어 표현으로 '마음을 귀신같이 한다'마음을 모질게 먹는다는 뜻, '좋은 약은 입에 쓰다', '충언은 귀에 거슬린다'를 들 수 있겠다.

예를 들어 그럴 마음이 없다면 모호한 태도를 취하지 말고, 분명하게 거절의 뜻을 전하는 편이 상대를 위하는 길이다. 희망이 있을지도 모른다고 생각하게끔 만드는 것은 오히려 잔혹한 일이다. 안 되는 것은 안 된다고 분명히 말하자.

자녀 교육에 관해서는 응석을 받아주지 않고 스스로 할 수 있도록 훈육하고자 마음을 모질게 먹는 것도 필요하지만, 정말로 모질게 굴어서는 안 된다. 어떤 때에도 정(kind)을 잊지 말자.

012

아아, 배은망덕한 모습을 보일 때만큼
역겨운 인간의 모습은 없어!

_『아테네의 타이먼』 제3막 제2장

O see the monstrousness of man,
When he looks out in an ungrateful shape!
Timon of Athens, Act 3 Scene 2

아버지나 다름없이 타이먼을 뒷바라지해준 귀족이 결국 그를 버렸다는 이야기를 들은 등장인물 중 한 명이 이렇게 외친다. 배은망덕함은 『리어왕』의 주제이기도 하다. 리어는 첫째 딸 거너릴이 냉정한 처사를 하자 "아아, 이 돌 심장을 가진 악마 '배은망덕'이여, 네가 자식에게 깃들 때 바다 괴물보다도 더 꺼림칙하구나"(제1막 제4장)라고 했고, 이어 둘째 딸 리건을 향해 "하늘에 모인 온갖 징벌이여, 이놈의 배은망덕한 머리 위로 떨어져라!"(제2막 제4장)라고 외친다. 『트로일러스와 크레시다』 제3막 제3장에서 율리시스 장군은 "망각이란, 거대한 배은망덕한 괴물이다"라고 했으며, 『코리올라누스』에서도 배은망덕하다는 말을 자주 입에 담는다. 『뜻대로 하세요』와 같은 희극에서도 아덴 숲에서 에이미언스가 이러한 노래를 부른다.

"불어라, 불어라, 겨울바람이여. 괴롭지 않은 겨울 생활, 겨울은 상냥할 뿐. 너의 송곳니는 고통스럽지 않다. 찌르는 것은 마음 없는 배은망덕한 자뿐…… 우정은 거짓이고, 사랑에도 흔들리고…… 얼어라, 겨울 하늘이여, 얼어라. 친구들에게 잊히고, 마음이 무너져 내리고, 가슴은 얼어붙는다. 겨울의 가시나무는 고통스럽지 않다. 그보다도 마음 없는 배신이 견디기 힘들다……."

이렇게나 여기저기서 친구들에게 배신당한 마음을 이야기하다니, 셰익스피어는 얼마나 쓰라린 경험을 한 것일까.

013

고결한 자는 고결한 자와만
교류하는 편이 좋아.
유혹되지 않을 정도로 의지가 견고한 자는
존재하지 않으니까.

_『줄리어스 시저』 제1막 제2장

It is meet
That noble minds keep ever with their likes;
For who so firm that cannot be seduc'd?
Julius Caesar, Act 1 Scene 2

줄리어스 시저를 암살하자고 브루투스에게 제안했던 카시우스는 그와 헤어져 홀로 남자 이렇게 말한다. 카시우스는 '브루투스는 고결한 사람이지만, 나는 고결한 사람이 아니다'라고 생각했고, 고결하지 않은 자신이 고결한 그를 설득하여 이해시키는 데 쾌감을 느낀다. 즉 고결한 자인 브루투스는 원래대로라면 암살에 가담하지 않았을 텐데, 카시우스가 유혹해서 그 죄를 짓게 만들려는 것이다.

유혹에 넘어가지 않을 만큼 마음이 강한 사람은 없다. 아무리 훌륭한 사람이라도 주위에 있는 사람의 영향을 받게 마련이다. '검은 먹을 가까이 하면 검어진다', '물은 그릇에 따라 달라지고 사람은 친구에 따라 달라진다'는 표현에서도 알 수 있듯이 사람은 친구의 영향을 크게 받는다. 『햄릿』에 등장하며 속담을 좋아하는 폴로니어스도 진정한 친구를 얻으면 "강철테로 마음을 묶어라"라고 말했다.

친구는 중요하다. 주변에 똑똑하거나 부지런한 사람이 많으면 자신도 본받아야겠다는 마음이 들고, "뭐야, 진짜로 공부하는 거야? 짜증 나게" 하는 패거리에 둘러싸이면 자신의 질도 떨어진다. 친구는 골라서 사귀자.

014

자신의 모습은 무엇인가에 비추어야
처음으로 자신의 눈에 보이는 것이다.

_『줄리어스 시저』 제1막 제2장

The eye sees not itself
But by reflection.
Julius Caesar, Act 1 Scene 2

카시우스는 시저 암살 기도에 브루투스를 끌어들이고자 이렇게 말한다. “너는 네 힘을 스스로 인식하지 못하니, 내가 거울이 되어 네가 알지 못하는 너 자신을 가르쳐주도록 하겠다”는 것이다.

자신을 스스로 보려고 할 때, 사람은 거울이나 영상에 비친 자신을 보거나 아니면 다른 사람의 눈을 통해 자신을 볼 수밖에 없다. 거울이나 영상이 겉모습만 비춘다고 하면, 다른 사람의 눈에 자신이 어떻게 비치는지가 중요해진다.

인간의 사회적 의미는 세상 사람들이 내리는 판단에 따라 결정된다. 『오셀로』에서 카시오가 ‘평판’ 혹은 ‘명성’을 잃었다고 한탄하는 것도 세상의 이목에 비친 자기 모습이 중요하기 때문이다(196쪽).

자신은 자기가 가장 잘 안다고 생각하기 쉽지만, 자신이 아는 ‘자신’이라는 것은 꽤나 제멋대로 자화자찬하는 주관적 이미지에 불과하다. 그 이미지를 아주 친한 친구와는 공유할 수 있을지도 모르지만, 거기까지다.

그렇기에 셰익스피어는 세상 사람들의 눈에 비친 자신의 모습이 중요하다고 여긴다. 그것이 평판(명성)이다. 『리처드 2세』 제1막 제1장에서 모브레이는 이렇게 말한다. “인생이 줄 수 있는 가장 순수한 보물은 더럽혀지지 않는 명성(reputation)입니다…… 자신의 명예는 자신의 생명입니다”라고 말이다.

015

만인을 사랑하고, 남을 너무 신뢰하지 말고
아무에게도 피해를 주지 않도록.

_『끝이 좋으면 다 좋아』 제1막 제1장

Love all, trust a few,
Do wrong to none.
All's Well That Ends Well, Act 1 Scene 1

『끝이 좋으면 다 좋아』의 서두에서 어머니 로실리온 백작 부인은 아들인 젊은 백작 버트람에게 축복을 내리면서 이렇게 말한다.

정말 간단하지만 좀처럼 실행하기 어려운 가르침이다. "만인을 사랑하라"는 것은 적을 만들지 말고, 남을 원망하지 말라는 뜻인데, 인간관계에서 누군가에 대한 안 좋은 기억이 하나도 없는 사람은 없을 것이다. 그러한 경우에도 언제까지고 너무 마음에 담아두지 않고, "모든 것을 용서하겠다"(92쪽)고 말할 수 있도록 노력할 수밖에 없다. 그러나 이 세상에서 만인을 사랑할 수 있는 존재는 신과 로마 교황 정도밖에 없지 않을까.

"남을 너무 신뢰하지 말라(소수의 사람만 신뢰하라)"는 것은 신뢰하면 배신당하기 때문이다. 셰익스피어는 친구 관계로 고생을 한 모양인지, 우정은 배신당한다고 몇 번이고 반복해서 이야기한다(97쪽).

마지막으로 "아무에게도 피해를 주지 않도록(누구에게도 잘못하지 말라)" 하라는 것은 특히나 어려울 수 있다. 좋은 마음에, 혹은 무심코 한 행동이 누군가의 마음에 상처를 줬을 수도 있기 때문이다.

명언은 때때로 실행하기 어려운 것을 아주 선뜻 주장한다. 자신은 나쁜 짓을 전혀 하지 않는다고 믿을 수 있다면 얼마나 행복할까.

Shakespeare quotes Ⅳ

전환기를 맞이했다면

Inspiring Shakespeare Quotes

001

무엇보다 중요한 것은
자신에게 거짓말을 하지 않는 것이다.

_『햄릿』 제1막 제3장

This above all: to thine own self be true.

Hamlet, Act 1 Scene 3

자신에게 거짓말을 하지 않는다는 말은 첫째로 '꾀를 부리지 않는다, 잘못된 일을 하고 있다는 사실을 스스로 알면서도 모른 체하지 않는다'는 뜻이다. 조금이라도 뒤가 켕기는 느낌이 들면, 사람은 제대로 행동할 수 없다.

'자신에게 거짓말을 한다'는 말의 또 다른 의미는 '이러면 됐다고 스스로 허용하지만, 마음 어딘가에서 이러면 안 된다고 알고 있다'는 것이다.

예를 들어, 당신은 정말 자신이 살고 싶은 삶을 살고 있는가? 정말 하고 싶은 일이 있었는데 어느새 현실과 타협하고 있지는 않은가. 눈앞의 아무래도 좋은 일을 조금 해치우고는 자신에게 '해야 할 일을 했다'고 하고 있지는 않은가. 지금 당신이 하는 일이 정말 당신이 하고 싶은 일인가? 당신이 해야 할 일인가.

"자신에게 거짓말을 하지 말라."

이 말에는 상당히 많은 의미가 담겨 있다.

젊을 때는 도대체 '자신'이 어떠한가를 탐구해야 하기에, 무작정 사는 수밖에 없는 부분도 있다. 그렇지만 제 몫을 하는 어른이 되었다면 자신에게 거짓말을 하고 있지는 않은지 곰곰이 생각해보자.

002

실패한다고요?
용기의 활을 잔뜩 당기면 실패할 리 없어요.

_『맥베스』 제1막 제7장

Screw your courage to the sticking place,
And we'll not fail.
Macbeth, Act 1 Scene 7

던컨 왕 암살을 주저하는 맥베스가 '실패하면 어쩌나' 하고 마음이 약해지자, 맥베스 부인이 그를 질타하는 대사다.

'Sticking place'는 화살을 활시위에 메기고 힘껏 잡아당겨 더는 움직이지 않는 지점을 말한다. 용기를 활시위에 비유해 아슬아슬하게 한계까지 활을 당기는 이미지로, 있는 힘껏 노력하겠다는 의미이다.

맥베스는 부인의 이 강렬한 '결의'에 힘입어 암살을 결행한다. 무엇인가에 도전하려는 사람을 격려할 때 쓸 수 있는 표현이다.

유사한 표현으로 '정신일도 하사불성' 정신을 집중하고 임하면 어떤 어려운 일도 해낼 수 있다는 뜻, '정성이 지극하면 바위라도 뚫는다' 열심히 노력하면 안 될 일이 없다는 뜻, '하면 된다', '단호하게 감행하면 귀신도 이를 피한다' 강한 의지로 추진하면 어떤 장애도 돌파할 수 있다는 뜻 등도 있지만, "용기의 활을 당겨라"라고 말하는 편이 더 확실한 이미지를 그릴 수 있지 않을까.

'잘될까'가 아닌 '성공하겠다'는 굳센 마음으로 임하자. 이를 위해 셰익스피어가 말하는 상상력을 최대로 가동하자.

'잘될까' 하는 불안감은 어떻게 하면 성공할 수 있을지 확실한 이미지를 그리지 못한 데서 비롯된다. 자신이 하는 일을 확실하게 상상하고, 그대로 실행할 수 있으면, 반드시 성공한다 (23쪽의 '행동의 세 단계' 참조).

003

신은 우리를 인간으로 만들고자
얼마간의 결점을 부여한다.

_『안토니와 클레오파트라』 제5막 제1장

You gods will give us
Some faults to make us men.
Antony and Cleopatra, Act 5 Scene 1

안토니의 부고를 듣고 시저의 부하 아그리파는 이렇게 말한다. 안토니는 적이지만 훌륭한 인물이었다. 그러나 클레오파트라와 사랑에 빠졌다는 결점이 있었다. 인간은 인간인 이상 누구나 결점이 있는 법이다.

"실수하는 것은 인간이고, 용서하는 것은 신이다"라는 알렉산더 포프의 말처럼 인간이 인간다운 것은 완벽할 수 없기 때문이다.

완벽한 사람이 존재한다면 존경받을지는 몰라도 사랑받을 일은 없다. 사랑받는 것은 그 사람이 미숙하거나 그에게 결점이 있기 때문이다. 이는 셰익스피어 시대에 널리 퍼졌던 인문주의 사상의 근본적인 사고방식이다(83, 89쪽).

물론 그렇다고 해서 자신의 결점을 고치지 않아도 된다는 법은 없으며, 업무상 해서는 안 될 실수는 용납되지 않겠지만, 인간적인 나약함이나 부족한 배려심, 미흡함에 관해서는 사과하고 용서를 구할 수밖에 없다. 남을 탓하기 전에 자신에게도 부족한 점이 있음을 인정하면 좋겠다.

자신의 결점과 미숙함을 매력적인 애교로 바꾸는 사람도 있다. 그것이 서투른 사람은 자신도 모르게 진지한 삶을 사는데, 딱딱하게 긴장한 채 사는 것은 갑갑한 일이다.

004

역경에 부딪혀 강해지면 복이 된다.

_『뜻대로 하세요』 제2막 제1장

Sweet are the uses of adversity.

As You Like It, Act 2 Scene 1

동생에게 공작 지위에서 쫓겨난 전 공작은 아덴 숲에서 귀족들과 함께 산다. 자연의 혹독함은 궁궐의 아첨과 달리 자신에게 도움이 된다고 생각하며, 역경이야말로 자신을 단련하기에 적합하다고 말한다. 한마디로 긍정적인 사고다.

세상에는 '역경에 강한' 사람과 '마음이 약한' 사람의 두 타입이 있다(59쪽). 셰익스피어는 전자를 응원하는데, 그 밑바탕에는 스토아 철학이 깔려 있다.

스토아 철학(스토이즘)이란 스토익(stoic)하게 살라는 표현에서 알 수 있듯이 '평정한 마음으로 목적을 향해 (쓸데없는 생각을 하지 않고) 똑바로 살아가기'를 권장한다. '스토익'은 '금욕적'으로 번역되기도 하는데, 오히려 '목적을 명확히 하고 집중하여 다른 일에 현혹되지 않는다'는 뜻이다.

스토아 철학에서는 아파테이아(마음의 평안)를 중요시하여 마음을 어지럽히지 않도록 삶에 아타락시아(부동심)가 작용하도록 하라고 설명한다. 그렇게 하면 스트레스로부터 해방된 삶을 보낼 수 있게 된다.

더 자세한 설명은 다음 페이지를 참조하기 바란다. 역경은 스스로 어떻게 할 수 없지만, 그것을 어떻게 볼지는 자기 마음먹기에 달렸다.

005

너를 품겠다, 괴로운 역경이여.
현자는 그렇게 하는 것이 가장 현명하다고
하니 말이다.

_『헨리 6세』 제3부 제3막 제1장

Let me embrace thee, sour adversities,
For wise men say it is the wisest course.
Henry VI, Part 3, Act 3 Scene 1

헨리 6세는 명예롭고 훌륭한 군주 헨리 5세의 아들이었지만, 리처드 플랜태저넷이 왕위를 주장하고 나서면서 왕위를 빼앗기고 빼앗는 혼란의 장미전쟁을 겪게 된다. 여기서는 도주 중인 왕이 변장을 하고 홀로 사냥터에 숨어서 이 대사를 말한다. 『코리올라누스』 제4막 제1장에서도 '역경이야말로 정신적인 시련이다(Extremity was the trier of spirits)'라는 대사가 등장한다. '가난은 그대를 옥으로 만든다' 몹시 힘든 고난을 겪어야 훌륭한 사람이 된다는 뜻는 의미이다.

여기서 말하는 현자는 스토아 철학자이다. 스토아파 학자 에픽테토스는 사람들을 불안하게 하는 것은 그 일(프라그마) 자체가 아니고, 그 일에 대한 생각(도그마)이라고 했다. 이미 벌어진 일들은 마음 밖에 있는 것(아디아포라)이라 어쩔 수 없지만, 그에 대한 생각은 자신의 마음으로 제어할 수 있다고 한다.

예를 들어, 드디어 제일 중요한 입시 시험을 치르는데 시험장에서 굉장히 시끄러운 소음이 발생했다면 어떻게 할까? 보통 사람이라면 이런 상황에서 집중할 수 없어서 패닉에 빠져버릴 것이다. 하지만 스토아 철학자라면 소음은 아디아포라일 뿐이라 치부하며, 소음에 정신이 팔리지 않도록 더 몰입하여 평소 이상으로 집중해서 시험을 끝낸다.

싫은 일은 마음에 담지 않도록 한다. 생각하지 않도록 한다. 반대로 즐거운 일이나 해야 할 일에 마음을 집중한다. 그것이 바로 스트레스를 받지 않는 삶이다.

006

바람을 싫어하는 사람이라도
궂은 날씨를 참아낼 수 있어.

_『사랑의 헛수고』 제4막 제2장

Many can brook the weather that love not the wind.

Love's Labour's Lost, Act 4 Scene 2

너대니얼 목사는 학교 교사 홀로페르네스와 라틴어를 섞어 가며 대화하고, 학식이 없는 사람을 한심하게 여기며 이런 대사를 외치고 포기한다.

사람이 궂은 날씨를 참아낼 수 있는 것은 하늘에 대고 불평해봐야 소용없다는 사실을 알기 때문이다. 항상 쾌청할 수는 없으니, 비나 폭풍이 와도 어쩔 수 없다. 짜증 낸다고 해서 비나 폭풍이 그치지 않으리라는 사실을 알기에, 조금 기분이 안 좋더라도 비가 온다고 해서 언제까지고 계속 짜증을 내는 사람은 없을 것이다.

이에 비해 참을 수 없다고 짜증을 내는 것은 그만두기를 바라고, 그치기를 기대하는 경우이다. 예를 들면, 누군가의 행위를 용서할 수 없을 때이다. 왜 그런 일을 하는지, 무슨 생각을 하는지 등 마음이 흐트러져서 짜증이 난다.

셰익스피어 시대의 스토아 철학에 따르면 이럴 때는 자기 정신을 통제하라고 한다. 싫은 것은 마음속에 못 들어오도록 막고, 가능한 한 생각하지 않도록 하라는 것이다. 마음을 고쳐먹고 다른 일에 집중하자. 마음 밖에 있는 것(아디아포라)에 현혹되지 않으면 스트레스를 받지 않는 삶을 살 수 있다.

"무슨 일이 있어도 시간은 흐른다, 아무리 힘든 날이어도"(48쪽)라는 말도 비슷한 표현이다.

007

어치가 종다리보다 좋단 말인가,
날개가 예쁘다는 것만으로?

_『말괄량이 길들이기』 제4막 제3장

What, is the jay more precious than the lark.
Because his feathers are more beautiful?
The Taming of the Shrew, Act 4 Scene 3

페트루치오는 망나니 케이트를 아내로 삼고, 어떻게 해서든 말을 듣게 하려는 생각에 최신 유행하는 옷을 만들게 해놓고는 토를 달아서 재봉사를 호통쳐서 내쫓는다. 그러고는 평상복 그대로도 좋다고 이야기하며 "몸을 풍요롭게 하는 것은 (외모가 아니라) 마음이오, 새카만 구름에서 햇살이 비치듯 가장 비루한 옷을 입어도 명예는 그 얼굴을 내미는 법이오"라고 말한 다음 이 대사를 한다.

어치는 날개가 아름다운 새지만 "까악, 까악" 하고 수수한 목소리로 운다. 종달새는 고운 목소리로 울어 새로서의 등급이 더 높다. 그러니 굳이 외모를 꾸밀 필요는 없다. '누더기를 입어도 마음은 비단'이라는 것이다. 이는 아내가 원하는 세련된 옷을 사주지 않기 위한 구실이었지만, 이에 그치지 않고 조금 더 깊은 의미를 담고 있다.

케이트는 자신보다 더 미인인 여동생을 질투하며, 자신은 아버지의 사랑도 받지 못한다고 비뚠 생각을 하고, 열등감에 시달리면서 그런 자신을 인정하지 않으려고 주위를 경멸하는 듯한 태도를 계속해서 보였다. 페트루치오는 여기서 이는 모종의 자의식 과잉 현상이며, 자신이 어떻게 보이는지를 너무 신경 쓴다는 사실을 알려주려고 했을 것이다.

자신이 어떻게 보이는지가 아니라 무엇을 하고 싶은지, 무엇을 해야 하는지를 생각하며 자신의 마음과 마주하자.

008

다리는 강의 폭만큼만 있으면 충분해.
중요한 것은 목적을 이루는 일이지.

_『헛소동』 제1막 제1장

What need the bridge much broader than the flood?
The fairest grant is the necessity.
Much Ado about Nothing, Act 1 Scene 1

아라곤 영주 돈 페드로는 부하인 젊은 무인 클라우디오가 메시나 지사의 딸 히어로를 사랑하게 되었다는 사실을 털어놓자 이렇게 답한다. 하고 싶은 말은 알았으니 쓸데없는 말을 주저리주저리 덧붙이지 않아도 된다는 뜻이다.

일을 하나 마무리 짓는 데도 공을 들이자면 얼마든지 시간을 더 들일 수 있다. 굳이 호화로운 다리를 놓지 않아도 여하튼 건너편에 건너간다는 목적을 이루기만 한다면, 그다지 불필요한 시간을 들일 필요는 없다. 일을 거창하게 하거나 쓸데없는 신경을 쓰기 전에 명확하게 목적을 달성하는 것이 중요하다.

작은 일을 처리하는 데 거창하게 벌이는 게 아니라는 표현으로 '우도할계(牛刀割鷄, 닭을 자르는 데 어찌 소를 자르는 칼을 이용할까)'라는 말도 있다.

그렇다고는 해도 건널 수만 있으면 외나무다리라도 상관없는가 하는 문제도 있다. 준비하는 입장에서는 안전성과 견고함을 어느 정도 확보해야 할지 등 여러 가지로 신경을 쓰지 않을 수 없다.

쓸데없는 일은 하지 않아도 된다고 해도 무엇이 쓸데없는지, 무엇이 필요한지 판단하기는 어렵다. 『리어왕』에서 리어가 "필요를 논하지 말라"(210쪽)고 하는데, 애당초 필요란 무엇일까.

009

나를 예전의 나라고 생각하지 마라.

_『헨리 4세』 제2부 제5막 제5장

Presume not that I am the thing I was.

Henry IV, Part 2, Act 5 Scene 5

즉위하여 헨리 5세가 된 할 왕자는 옛 친구였던 기사 존 폴스타프에게 "너 따위는 모르네, 노인이여"라고 내뱉으며 그를 추방한다. 과거에는 함께 선술집에서 흥에 겨워 야단법석을 떨며, 함께 못된 짓에 빠져서 놀던 친구였는데, 왕이 된 지금은 이 대사를 하며 예전의 자신을 부정한다.

『헨리 4세』에는 희극적인 측면이 있어 익살스러운 인물인 폴스타프가 관객의 웃음을 크게 자아낸다. 그렇기에 막판에 폴스타프가 갑자기 추방되자 관객은 깜짝 놀라고 만다. 그렇다고 해서 국왕의 자리에 오른 헨리 5세가 여전히 방종한 옛 친구와 관계를 유지해서는 국가의 존엄에 문제가 생긴다. 헨리 5세로서는 의연하게 무법자인 폴스타프를 잘라버리고, 과거의 적이었던 고등법원장을 자기편으로 만드는 길밖에 없는 것이다.

사람은 누구나 변한다. 지금의 자신이 10년 전의 자신과 다르듯이, 10년 후의 자신은 지금의 자신과 다를 것이다. 이를 끝까지 파고들면 내일의 자신은 오늘의 자신과 다르다고도 할 수 있을 것이다. '나'라는 주체는 변화하며, 지금까지의 나와는 다른 새로운 내가 항상 존재한다.

과거를 질질 끌지 마라. 미래에 살아라.

010

아니, 아니요,
저는 저 자신의 그림자일 뿐입니다.
착각을 하고 계시군요.
저의 실체는 여기에 없습니다.

_『헨리 6세』 제1부 제2막 제3장

No, no, I am but shadow of myself:
You are deceiv'd, my substance is not here.
Henry VI, Part 1, Act 2 Scene 3

잉글랜드가 자랑하는 백전연마의 무장 톨보트는 그를 속여 붙잡으려 했던 프랑스 백작 부인에게 “지금 여기 있는 나를 잡아도 톨보트를 잡은 것이 아닙니다, 왜냐하면 톨보트의 실체는 밖에서 대기 중인 군대이기 때문입니다”라고 말한다.

사람은 조직적으로 움직일 때 단순한 개인 이상의 기능을 갖는다. 톨보트 같은 경우 그가 지휘하는 군대가 톨보트군으로 인식될 뿐만 아니라, 그가 지금까지 쌓아온 명성이 그 개인을 초월한 실체를 가지고 기능하고 있다고도 할 수 있을 것이다.

다른 예를 들자면, 나쓰메 소세키(夏目漱石)의 실체는 제국대학에서 영문학을 전공하고 아사히신문사에 취직했던 나쓰메 긴노스케가 아니라, 『풀베개』와 『명암』 같은 나쓰메 소세키의 작품군 속에 있다는 식이다.

사람의 실체란 무엇일까? 사회적인 의미에서 본다면, 사회의 눈이 그 사람을 어떻게 인식하는가 하는 문제인지도 모른다. “자신의 모습은 무엇인가에 비추어야 처음으로 자신의 눈에 보이는 것이다”(100쪽)도 참조하자.

리어왕도 왕으로서의 자기 정체성을 잃었을 때 ‘리어의 그림자’가 되고 만다(제1막 제4장).

011

내가 이렇게 있는 것도 신의 덕이다.
우리가 감히 운명이라 부르는 것은
하늘의 힘을 하사받은 것이다.

_『토머스 모어 경』 제3막 제1장

It is in heaven that I am thus and thus,
And that which we profanely term our fortunes
Is the provision of the power above.
Sir Thomas More, Act 3 Scene 1

정치인으로서 최고위라고 할 수 있는 대법관에 임명된 토머스 모어가 자괴감을 담아 하는 말이다. 이 대사는 공동 집필한 『토머스 모어 경』 중 셰익스피어의 붓일 것으로 추정되는 필적 D로 쓰였다.

놀랍게도 『오셀로』의 이아고는 이 대사와 비슷한 구성으로 이루어진 문장으로, 반대되는 의미의 말을 한다. 그는 자신들이 지금의 처지에 이른 것은 운명 따위가 아니라 자기 탓이라며 "내가 어떤 인간인지 결정하는 것은 나 하기 나름이다('tis in ourselves, that we are thus, or thus)"라고 말한다. 이 대사는 르네상스의 '자유 의지' 사상에 따라 자신은 스스로 바꿀 수 있고, 자신의 운명을 스스로 개척해나갈 수 있다고 여기는 말이다. 이에 비해 모어의 대사는 가톨릭 신자로서 독실한 신앙심을 보여준다.

모든 것은 신의 뜻대로라는 말이다. 셰익스피어 시대에는 자신의 힘을 의지하는 자력본원과 모든 것은 신이 정하신 것이라는 타력본원, 두 가지 사상이 존재하여 이 중 하나를 택했다. 셰익스피어는 둘 다 중요하다고 여겼다. 자수성가하던 햄릿도 마지막 막에 이르러 '우리가 어떻게 잘못해도 잘 거두어 줄 신이 있다'는 깨달음을 얻었다.

012

구원받는 길은 대체로 자신 안에 존재하는 법.
그럼에도 사람은 신에게 의지하죠.

_『끝이 좋으면 다 좋아』 제1막 제1장

Our remedies oft in ourselves do lie,
Which we ascribe to heaven.
All's Well That Ends Well, Act 1 Scene 1

고아인 헬레나는 자신의 남편인 사랑하는 로실리온 백작 버트람의 눈 밖에 나고 만다. 남편과 함께 출병하는 패롤리스에게 작별을 고한 뒤 남편에 대한 사랑을 포기하지 않고 스스로 운을 개척해야겠다고 결심하고 이렇게 말한다.

앞서 한 이야기의 설명을 이어가자면, 타력본원만 바라서는 안 되고, 자신의 힘으로 할 수 있는 일을 해야 한다는 것이다. '괴로울 때 신에게 기댄다', '곤란할 때 신을 찾는다'고 하지만, 어려울 때야말로 스스로 어떻게든 해야 한다.

인간은 무언가를 원할 때 자신의 밖에서 찾기 십상이지만, 사실 답은 자기 안에 있는 경우가 많다. 모리스 마테를링크가 지은 희곡 『파랑새』에서는 틸틸과 미틸이 행복의 파랑새를 찾으러 떠나지만, 파랑새는 결국 자신들의 집에 있었다(행복은 자신들 안에 있었다)는 것을 발견한다.

행복은 어디선가 찾아오는 것이 아니다.

자신 안에서 행복을 찾을 수밖에 없다.

결국에는 될 대로 될 수밖에 없지만, 최선을 다해서 할 수 있는 만큼하고 '사람이 할 수 있는 일을 다 하고 천운을 기다려야' 할 것이다(45쪽).

우리가 당연하다고 여기는 것 중에 답이 있다.

013

어떤 일에든 물이 들어오고 나갈 때가 있다.
물이 가득할 때는 잘 풀릴 일도
기회를 놓치면 인생이란 항해는
얕은 여울에 올라앉아 좌초하고 만다.

_『줄리어스 시저』 제4막 제3장

There is a tide in the affairs of men.
Which, taken at the flood, leads on to fortune,
Omitted, all the voyage of their life
Is bound in shallows and miseries.
Julius Caesar, Act 4 Scene 3

필리피로 출격할 결심을 한 브루투스가 카시우스에게 하는 말이다.

'일에는 때가 있다', '쇠는 뜨겁게 달아올랐을 때 쳐라' 쇠뿔도 단김에 빼라는 의미, '좋은 기회를 놓치지 말라', '귀한 재화는 품어야 한다' 쉽게 오지 않는 기회를 잡아야 한다는 뜻, '천재일우', '좋은 기회가 다가왔다', '하늘이 주는 것을 받지 않으면 오히려 천벌을 받는다' 좋은 기회를 놓치면 오히려 화를 부른다는 뜻 등 이런 종류의 표현은 여러 가지가 있다.

흔히 '운이 좋다'고 말하는데, 더 정확히 말하자면 '좋은 운이 찾아올 때 잡는다'는 것이지, 모처럼 좋은 운이 온 줄도 모르고 지나치면 아무 소용이 없다.

'물이 들어오고 나갈 때'라는 것은 서서히 다가온다. 물이 차서 배가 지날 수 있게 되면 배가 지나가기 쉽지만, 때를 놓쳐서 물이 빠지면 조금 전까지 쉽게 할 수 있던 일을 할 수 없게 된다.

인생이란 배를 잘 조종하는 사람은 그런 기회를 놓치지 않는다. 반대로 귀찮아하며 지금 안 해도 나중에 하면 되지 하고 생각하면, 예상했던 것보다 힘든 고생을 하게 된다.

제때 하면 쉽다. 그러기 위해서는 바로 행동하는 순발력이 필요하다. 적극적으로 나서자.

014

하려면 지금이다, 요크,
나약한 마음을 단련하여 강철로 만들고,
망설임을 결의로 바꿔라.
되고 싶은 것이 되어라,
될 수 없다면 지금 그대로 죽어버려라.

_『헨리 6세』 제2부 제3막 제1장

Now, York, or never, steel thy fearful thoughts,
And change misdoubt to resolution;
Be that thou hop'st to be, or what thou art
Resign to death.
Henry VI, Part 2, Act 3 Scene 1

자신이야말로 왕위에 올라야 할 사람이라고 생각하는 요크 공의 대사다. 인간은 스스로의 자유 의지로 원하는 것이 될 수 있다는 르네상스적 발상이다.

자유 의지(17쪽) 사상을 밀고 나간 사람은 이탈리아의 르네상스 철학자 피코 델라 미란돌라이다. 그는 인간의 운명이 정해져 있다는 점성술과 점성술 속에서 인간과 신의 합일을 찾고자 했던 자신의 스승 마르실리오 피치노의 신플라톤주의적 사고를 부정했다.

"되고 싶은 것이 되어라" 하고 아무리 자신을 격려해도 꿈은 그렇게 간단하게 실현되지 않는 법이다. 이 대사의 핵심은 "하려면 지금이다"라는 부분이다. 기회가 왔을 때 망설이지 말고 되고 싶은 자신이 되어보라는 것이다. 기회는 그렇게 자주 오지 않는다. 지금이 그때라는 생각이 들면 강경하게 나서야 한다.

또 다른 포인트는 '나약한 마음'이다. 내가 할 수 있을까, 잘 안 될지도 모른다는 불안감은 누구에게나 있다. 불안해하는 것은 당연하다. 그렇지만 불안하든 걱정이든 어쨌든 하는 수밖에 없다. 해봐서 잘되면 다음 길이 열리는 것이고, 잘 안 되면 다음 기회를 기다릴 뿐이다.

중요한 것은 강한 욕망을 갖는 일이다.

015

하려던 일을 단 한 번의 실패로
포기해서는 안 된다.

_『폭풍우』 제3막 제3장

Do not, for one repulse, forego the purpose
That you resolved to effect.
The Tempest, Act 3 Scene 3

형 프로스페로를 축출하고 공작 영지를 찬탈한 동생 안토니오는 나폴리 왕의 동생 서배스천에게 나폴리 왕을 살해하도록 종용한다. 두 사람의 계획은 요정 에어리얼의 방해로 한 번 실패하지만, 안토니오는 서배스천에게 포기해서는 안 된다고 말한다.

셰익스피어 작품에는 "포기하지 마, 힘내"라는 대사가 많다.

"찾아다녔음에도 막상 그때가 오면 잡지 못하는 자에게 두 번 다시 기회는 찾아오지 않아"(24쪽), "한 번 더 저 돌파구로, 제군들이여, 한 번 더다"(60쪽) 등이 있다.

'실패는 성공의 어머니'라고도 하며, 조금 실패했다고 해서 낙심할 필요는 없다. 발명왕 에디슨도 몇 번이나 실패를 거듭했지만, "나는 실패한 적이 없다, 잘 안 되는 만 가지 방법을 찾아냈을 뿐이다"라고 말한 일화는 유명하다. 마찬가지로 안 된다는 사실을 아는 일은 한 걸음 전진한 것과 같다. 잘 안 되더라도 앞으로 나아가는 마음을 잃지 말자.

사람은 비관적인 기분으로 전진을 포기할 때 낙오자가 된다. 안 될지도 모른다는 의심이 들면, 그 의심은 지금까지 애써온 당신을 배신한다는 대사도 있었다(36쪽).

나약한 마음을 가져서는 손해를 본다.

Shakespeare quotes V

성장하고 싶을 때

Inspiring Shakespeare Quotes

001

간결함이야말로 지혜의 핵심이다.

_『햄릿』 제2막 제2장

Brevity is the soul of wit.

Hamlet, Act 2 Scene 2

격언을 좋아하고 수다쟁이인 폴로니어스는 왕과 왕비에게 "햄릿 전하가 광기를 일으킨 원인을 알아냈습니다"라고 고했다. "간결함이야말로 지혜의 핵심이니, 간결하게 말씀드리겠습니다"라고 하고는 한참을 쓸데없는 이야기를 하면서 좀처럼 본론으로 들어가지 않았다. 급기야 왕비가 "잡담은 그만하고 본론을" 하고 말을 꺼내고 만다.

심플 이즈 더 베스트.

회의도 길게 끌지 말고 간결하게 끝내야 한다. 누군가에게 무언가를 말할 때의 요령은 요점을 명확히 해두는 것이다.

일을 척척 해치우는 사람은 유능해 보인다. 그러한 의미에서 간결함은 중요하다. 다만, 너무 간단하게 하면 재미가 떨어질 수 있다.

즐거운 것을 좋아하는 사람은 천천히 즐기면서 하고, 성실한 사람은 서두르는 측면도 있다. 그렇다고는 하지만 '천천히'와 '서둘러'는 감각적인 문제로, 실제 시간의 경과와는 그다지 관계가 없다.

심플하게, 동시에 즐기면서 하는 것이 최선일 터이다.

서두를 때일수록 마음을 차분하게 가라앉히는 편이 좋다.

"현명하고 신중하게 하거라."(14쪽)

즐거우면 시간은 눈 깜짝할 사이에 지나간다.(28쪽)

002

외국을 모르는 젊은이의 지혜는 얕아.

_『베로나의 두 신사』 제1막 제1장

Home-keeping youth have ever homely wits.

The Two Gentlemen of Verona, Act 1 Scene 1

베로나의 신사 밸런타인은 밀라노로 유학을 갔을 때 친한 친구 프로테우스에게 이렇게 말한다. '우물 안 개구리, 큰 바다를 모른다'와 같은 뜻이다. '귀여운 자식에게는 여행을 시켜라' 귀한 자식일수록 성장할 수 있도록 고생을 시켜야 한다는 뜻라고도 하는데, 젊은 시절의 유학 경험은 평생의 보물이 된다. 셰익스피어 시대의 부유층 자제들은 외국으로 유학을 가서 견문을 넓혔다.

『말괄량이 길들이기』에서 피사의 청년 루첸티오는 하인 트라니오를 데리고 파도바에서 유학한다. 당시의 고귀한 문학가는 모두 해외 경험이 풍부했다. 예를 들어 필립 시드니 경(1554~1586년)은 초대 노섬벌랜드 공작 존 더들리의 손자로, 엘리자베스 1세 여왕의 총애를 받는 신하인 초대 레스터 백작 로버트 더들리를 숙부로 둔 가문 출신이었는데, 옥스퍼드대학을 졸업한 후 수년간 독일, 이탈리아, 폴란드, 오스트리아에서 지냈다. 다만, 셰익스피어 자신은 부유하지 않았기에 아무래도 해외에 나간 경험이 없고, 오로지 책이나 전해 들은 말을 통해 해외 사정을 접했던 것 같다.

해마다 해외로 유학을 가는 사람들이 늘어나는 추세다. 세계를 앎으로써 넓은 시야로 세상을 볼 수 있게 되는 것이다. '젊은이'의 정의도 넓은 의미로 생각하여 적극적으로 해외에 나가보면 좋을 것이다.

003

익숙해지면 무엇이든 습관이 되는 법이군!

_『베로나의 두 신사』 제5막 제4장

How use doth breed a habit in a man!

The Two Gentlemen of Verona, Act 5 Scene 4

숲에서 지내는 데 익숙해진 밸런타인은 도시에서의 삶보다 훨씬 낫다고 여기게 된 자신에 놀라 이렇게 말한다.

학창 시절 등의 옛 습관을 떠올려보면, 습관은 완전히 바뀔 수 있다는 사실을 실감할 수 있을 것이다. 사람들은 곧잘 오래도록 몸에 밴 습관을 바꾸기 쉽지 않다고 생각하는데, 그것은 의식적으로 바꾸려고 노력하지 않았기 때문이다. 열심히 나쁜 습관을 고치고, 새로운 좋은 습관을 들이면, 이번에는 그것이 당연해진다.

4절판『햄릿』제3막 제4장(거실 장면)에서는 햄릿이 어머니에게 이렇게 말한다. "미덕이 없다면 있다고 생각하세요. 습관이라는 괴물은 나쁜 버릇은 좋지 않다는 감각을 전부 먹어 치우지만, 천사가 되기도 하는 법이죠. 청렴한 선행을 거듭하면 제복이나 작업복처럼 그것을 입는 게 당연해지죠. 오늘 밤은 참아야 합니다. 그러면 다음 날 밤은 더 쉽게 참을 수 있을 겁니다. 그리고 그다음은 더 쉬워지죠. 습관은 타고난 성격조차도 바꿀 수 있어요."

그렇다고는 해도 '말하기는 쉽고 실천하기는 어려운 법'이며, 실제로 행동하는 것이 중요하다. 습관이 되면 좋겠다고 생각하는 행동을 시작하고, 그 행동을 계속해보자.

당신은 햄릿의 충고를 따를 수 있겠는가?

004

피할 수 없는 것은
포옹해버려야만 하지.

_『윈저의 즐거운 아낙네들』 제5막 제5장

What cannot be eschew'd must be embraced.

The Merry wives of Windsor, Act 5 Scene 5

부모의 뜻과 달리 그들의 딸인 앤 페이지는 자신이 좋아하는 사람과 결혼한다. 이미 식도 올려서 물릴 수 없게 되었다. 여기서 아버지가 이 대사를 말한다. '피할 수 없는 것'은 스토아 철학 용어를 빌려 말하자면, 마음 밖에 있는 것(아디아포라 중에서 그것에 작용하여 자기 마음대로 바꿀 수 없는 것)을 가리킨다.

예를 들면 날씨 따위가 있겠다(116쪽). 인생은 자기 뜻대로 되지 않는 것이 많고, 때에 따라서는 싫지만 그것을 받아들여야만 하는 경우도 있다. 그럴 때 싫다고 불만을 쌓아두고 불평해봤자 아무런 의미가 없다. 미련 없이 깔끔하게 받아들일 수밖에 없다.

불평해도 어쩔 수 없는 것에 대해서는 불평하지 않는다, 그것이 스토아 철학의 가르침이다. 마음을 냉정하게 가라앉히고 비정하게 행동한다.

불평을 계속하면 자기 마음속에서 싫다는 불쾌한 감정을 자꾸 반복하게 되어 스트레스를 받는다. 불평하지 않을 뿐만 아니라 '싫다', '귀찮다'는 감정마저 마음속에서 지워버리면 부담스럽지 않게 된다.

귀찮다고 생각할 때 귀찮아진다. 싫다고 생각하니 싫은 것이다.

005

멍청한 자는 자신이 현명하다고 생각하지만,
현명한 자는 자기가 멍청함을 알고 있지.

_『뜻대로 하세요』 제5막 제1장

The fool doth think he is wise,
but the wise man knows himself to be a fool.
As You Like It, Act 5 Scene 1

어릿광대 터치스톤의 대사이지만 『십이야』의 어릿광대 페스테도 "멍청한 현자보다 지혜가 있는 멍청이"라고 말했으며, 이는 모두 소크라테스의 '무지의 지'에 바탕을 두고 있다. 소크라테스는 어느 날 아테네의 신탁을 받아 "아테네에서 제일가는 현자는 소크라테스다"라는 말을 듣고 놀란다. 아테네에는 분명 자신보다 똑똑한 사람이 있으리라 생각하여 현자로 여겨지는 사람들을 만나러 갔다. 그러자 현자라는 사람들이 자기가 똑똑하다고 으스대기에 자기의 어리석음을 아는 소크라테스는 '자신의 어리석음을 자각하는 만큼 내가 더 똑똑할지도 모르겠다'는 생각이 들었다고 한다. 자신이 모른다는 사실을 아는 것이 '무지의 지'이다. 자신의 어리석음을 아는 것이 지혜의 첫걸음이다. 자신의 어리석음이나 결점을 인식하지 못하는 사람은 성장할 수 없다.

현대 사회에서는 작은 실수도 용납되지 않기에, 점점 살기 힘들어지고 있다. 그렇지만 인간은 인간인 이상 실수하게 마련이라는 발상이 필요하다. 실수를 엄격히 금지당한 채 지내다 보면 '자신은 틀렸다', '실패했다'는 의식을 갖게 되는데, 그 순간 살기가 힘들어진다. '실수'는 인간인 이상 자연스러운 일이다. 중요한 것은 '실수했을 때 어떻게 바로잡느냐'이다. 현명하게 바보가 되는 것이 인간답게 사는 요령이다. '대교약졸' 정말 교묘한 사람은 잔재주를 부리지 않아 언뜻 보기에 서툴러 보인다는 뜻이라고도 한다.

006

사람의 진가가 결정되는 것은
인생이 끝날 때야.

_『헨리 4세』 제2부 제2막 제2장

Let the end try the man.
Henry IV, Part 2, Act 2 Scene 2

할 왕자는 포인즈에게 아버지가 중태에 빠졌을 때 폴스타프 무리와 어울린 자신을 극악무도한 사람처럼 여기겠지만, 자신은 그런 인간이 아니라는 의미로 이 대사를 한다.

지금은 아직 제 모습을 보인 적이 없다. 정말 나는 이런 사람이 아니라는 의미다. '두고 보자', '최후에는 결과를 내겠다'와 같은 의미로도 쓸 수 있는 대사다. 『오셀로』에서 이아고가 "지금의 나는 내가 아니야"라고 말하는 것과 비슷하다. 참고로 『십이야』에서는 여주인공 바이올라가 남장을 하고 "지금의 나는 내가 아니야"라고 똑같은 대사를 한다. 여기에는 사회가 파악한 자신의 모습과 진짜 자신은 다르다는 인식이 존재하는데, 그렇다면 '진짜 자신'이란 무엇일까?

어떤 의미로 인간은 누구나가 지금의 자신은 정말로 자신이 바랐던 내가 아니라고 생각하는 것은 아닐까. 자신은 아직도 변할 수 있고, 변해갈 것이라고 말이다.

아직 충분한 결과를 내지 못한 자신이 있어도 위축될 필요는 없다. 시합도 전반전에서 계속 실점이 이어져도, 게임이 끝나기 전까지만 득점하면 된다.

끝까지 포기해서는 안 된다.

007

만약 1년 내내 매일이 놀면서 보내는 휴일이라면
노는 것은 일하는 것과
마찬가지로 재미없어진다.
그렇지만 자주 오지 않는다면
오기를 바라게 된다.

_『헨리 4세』 제1부 제1막 제2장

If all the year were playing holidays,
To sport would be as tedious as to work;
But when they seldom come, they wish'd-for come.
Henry IV, Part 1, Act 1 Scene 2

할 왕자는 기사 폴스타프 무리와 타락한 생활을 하면서도, 머지않아 적대 관계인 핫스퍼를 쓰러뜨림으로써 자신의 진가를 발휘하고, 돌연 세상에 그 웅장한 모습을 보여줌으로써 갈채를 받아야겠다고 생각하며 이렇게 말한다.

한번은 연휴가 꽤 길어서 화제가 된 적이 있는데, "휴가가 길면 오히려 피곤하다"고 소감을 밝히는 사람이 많았다. 아무리 좋은 일도 지나치면 괴로워진다. "너무 달콤한 벌꿀은 그 달콤함 때문에 싫어져"(204쪽)라는 말처럼 지나침은 미치지 못함과 같다.

놀고먹는 신분을 바라지 않는 사람은 없겠지만, 실제로 하루하루를 놀고먹으며 지낸다면 어떨까? '해야 할 일'이 아무것도 없다면, 분명 공허한 인생이 될 것이다.

놀이를 추구하는 것은 일에서 해방되기를 바라기 때문이다. 온천에 몸이라도 담그고 싶은 것은 긴장을 풀어주고 싶기 때문이다. 그렇지만 온천에 오랫동안 몸을 담그면 현기증이 난다. 빛이 있기에 그림자가 있다. 괴로움이 있으면 즐거움도 있는 법이다. 이러한 이원성은 셰익스피어 작품에서 통주저음주어진 숫자가 딸린 저음 위에 즉흥적으로 화음을 더하면서 반주 성부를 완성하는 기법으로, 17~18세기 유럽에서 널리 쓰였다을 이룬다.

008

무지는 신의 저주요,
지식은 하늘에 이르는 날개다.

_『헨리 6세』 제2부 제4막 제7장

And seeing ignorance is the curse of God,
Knowledge the wing wherewith we fly to heaven.
Henry VI, Part 2, Act 4 Scene 7

"법률가들을 희생의 제물로 바치자"고 기염을 토하는 케이드가 이끄는 폭도들 앞에서 세이 경은 이처럼 열심히 항변하지만 처형당하고 만다.

무지한 백성들을 상대로 지식을 자랑해봤자 소용없지만, 인간을 갈고닦기 위해서는 지식을 쌓을 수밖에 없는 것이 사실이다.

교육을 받고 교양 있는 사람이 늘어나면 사회 수준도 올라간다. 이때 교육(교양)이란, 시험에서 고득점을 받는 것이 아니라, 인간답게 살기 위해서 어떻게 해야 하는가에 관한 지식을 쌓는 것이다.

무지한 사람은 지식이 없음에도 그 사실을 인정하지 않고, 부족한 지식을 적당한 정보로 대충 메꾸어 속이려고 한다(인터넷 정보를 안이하게 믿는 등). 교양 있는 사람은 오히려 자신의 무지를 자각하고 있기에('무지의 지'에 대해서는 147쪽을 참조하기 바란다) 올바른 지식을 찾으려 한다. 책을 읽고 스스로를 더 높은 곳으로 이끌려고 하는 사람은 후자다.

『십이야』 제4막 제2장에서도 어릿광대 페스테가 어둠에 갇힌 말볼리오에게 "무지만큼 캄캄한 어둠은 없어"라고 말한다. '모른다', '이해할 수 없다'로부터 공포와 불안이 생겨난다.

문명인에게 지식은 곧 비상하기 위한 날개가 된다.

009

적이 강하면 강할수록 승리는 위대해진다.

_『헨리 6세』 제3부 제5막 제1장

The harder match'd, the greater victory.

Henry VI, Part 3, Act 5 Scene 1

랭커스터 왕조에 반기를 들고 에드워드 4세로 왕위에 오른 리처드 플랜태저넷의 장남 에드워드가 코벤트리 마을 앞에서 남동생인 글로스터 공작 리처드(후에 리처드 3세)와 킹 메이커라는 이명을 가진 워릭 백작과 함께, 옥스퍼드 백작과 몬태규 백작의 군대가 적의 아군으로서 마을의 성벽 안으로 들어가는 것을 보고 말한 대사다.

『헨리 5세』에서도 왕이 크리스핀의 연설에서 아군보다 훨씬 많은 수의 적을 앞두고 아군 수가 적은 편이 명예는 더 높아질 것이라고 말한다. "우리 몇 안 되는 동지여, 행운의 몇 안 되는 동지여, 우리 형제들이여(We few, we happy few, we band of brothers)" 하고 호소하는 첫 문장이 특히 유명하다. 만약 싸움에 진다면 희생되는 것은 우리로 충분하고, 만일 이긴다면 수가 적을수록 명예는 더 드높아질 것이다. 오늘 나와 함께 피를 흘리는 자는 모두 형제이고, 우리 몇 안 되는 동료는 이 성 크리스핀의 날에 싸운 용사로 영원히 기억될 것이라고 병사들에게 이야기한다.

어려움에 부딪혔을 때, 마음이 약해지기 전에 '이것을 돌파하면 엄청난 돌파구가 될 것'이라고 생각하자. 무리일 것 같은 상황에서도 '해내면 굉장하지 않겠느냐'고 긍정적으로 생각하는 것이다.

010

지금 이대로에 감사하자.
그리고 우리 인간이 해결할 수 없는 문제는
하늘에 맡기는 것이다.

_『두 귀족 친척』 제5막 제4장

Let us be thankful
For that which is, and with you leave dispute
That are above our question.
The Two Noble Kinsmen, Act 5 Scene 4

테세우스 공작(『한여름 밤의 꿈』과 동일 인물)이 『두 귀족 친척』 연극을 매듭지으며 말하는 대사다. 원문을 직역하면 '지금 있는 것을 감사하게 생각하자, 그리고 어떻게 할 수 없는 것에 대해서는 논하지 말자'가 된다. 이는 바로 아디아포라에 대해 생각해도 소용없다는 말과 일맥상통한다.

사람은 어느 정도 자신의 힘으로 인생을 개척해나갈 수 있지만, 모든 것이 뜻대로 되지는 않는다. 그것이 운명이고, 운명은 개인의 힘으로는 바꿀 수 없다. 게다가 자신의 생명은 얼마 되지 않는 시간밖에 지속되지 않는다, 혹은 자신은 50억 년 지구 역사의 한 부분을 차지하는 작은 생명체에 지나지 않는다고 생각할 수 있다면, 그 장대한 시간의 흐름 속에서 존재한다는 우연에 감사하는 마음도 생길 것이다. 그렇게 되면 잘 안 되는 일로 혼자서 끙끙거리며 고민하지 않고, 잘된 일을 감사하며 살 수 있게 된다.

'고맙다'고 생각하며 살면 긍정적인 사고를 하기 쉬워진다.

자신이 지금 이 상황에 있는 것을 행운이라고 여기면, 그 상황을 최대한으로 활용할 수 있다. 반대로 부정적으로 생각하면 능력을 충분히 발휘할 수 없다.

011

즐거움이 괴로워질 때도 있지만,
즐기면서 하면 괴로움은 잊힌다.

_『폭풍우』 제3막 제1장

There be some sports are painful, and their labor
Delight in them sets off.
The Tempest, Act 3 Scene 1

퍼디난드 왕자는 프로스페로에게 사로잡혀 통나무를 나르는 일을 하게 되었는데, 아름다운 미란다를 볼 수 있다고 생각하면 일이 힘들지 않다고 했다.

무슨 일이든지 즐겁게 하면 편해진다. 영화 〈메리 포핀스〉의 노래 '설탕 한 스푼'(설탕 한 스푼이면 약도 먹기 쉬워진다)이 귀찮은 일도 즐겁게 하면 놀이가 된다고 노래하는 것과 같다.

어떤 일이든 공부든 '귀찮다', '하기 싫다' 하고 부정적인 스위치를 켜는 순간 스트레스가 된다. 무심결에 일을 미루면 악순환에 빠지고 만다. 이를 피하려면 싫어도 빨리 착수해야 한다. 꼭 해야만 하는 일이라면 할 수밖에 없다(145쪽). 그리고 조금이라도 시간적 여유가 있으면 집중하기가 쉬워진다. 잡념을 버리고 몰두할 수 있을 때 '즐기라'고 자기 암시를 거는 것이다.

일은 힘들다고 생각하면서 하면 스트레스가 된다. 스트레스를 받아도 견디는 것을 '열심히 하는 것'이라고 오해하는 사람도 있는데, 지속해서 스트레스를 받는 것은 백해무익하다. 즐길 수도 없고, 스트레스를 받는다면 주저하지 말고 SOS 신호를 보내자. 업무 환경을 바꾸기 어렵다면, 가능한 한 스트레스를 쌓아두지 않도록 생각을 바꾸자(113쪽). "즐거운 수고는 고생이 아니야"(80쪽)도 참조하자.

012

애초에 그 자체가
좋거나 나쁜 것이 아니야.
생각하기 나름이지.

_『햄릿』 제2막 제2장

There is nothing either good or bad,
but thinking makes it so.
Hamlet, Act 2 Scene 2

햄릿이 로젠크란츠와 길덴스턴에게 이야기한 인식론이다.

햄릿은 "덴마크는 감옥이야"라고 말했다가 친구들이 이를 부인하자 "너희에게는 그렇지 않더라도 내게는 감옥이야"라고 응수하며 이 대사를 한다.

가상 현실을 체험할 수 있는 키트를 장착했다고 가정하자. 실제로 존재하지 않아도 뇌가 인식만 하면, 그 사람에게 그것은 인식된 세계이며, 모든 것은 뇌의 작용(사고방식 중 하나)에 따른 것이다.

당시 사물을 인식할 때 마음의 이미지인 판타즈마가 머릿속에 만들어진다고 여겼다. 이 마음의 상을 음미하여 '좋다'거나 '나쁘다'고 판단하므로, 사물(현실) 그 자체를 인식하고 있는 것은 아니라는 말이 된다. 원래 '그 자체에 좋거나 나쁘다거나 하는 것'이 존재해서 그것을 인식하는 것이 아니라, 뇌가 인식할 때 비로소 그 존재를 인지하게 되고, 뇌가 '좋다'고 인식하면 그것은 '좋은' 것이다. 세계는 객관적 사실이 아니라 주관적 진실로 이루어져 있다고 할 수 있다.

스토아 철학의 '아디아포라'는 마음이 인식하기 이전의 마음 밖에 있는 것을 가리키는데, 스토아 학파는 이를 이성에 의한 선택과 판단이 이루어지지 않았기 때문에 '선'도 '악'도 아니라고 말한다. 그것이 마음에 들어와야 비로소 좋고 나쁨을 판단할 수 있다.

013

우선은 믿는 마음을
가지셔야 합니다.

_『겨울 이야기』 제5막 제3장

It is requir'd
You do awake your faith.
The Winter's Tale, Act 5 Scene 3

시칠리아의 왕 레온티즈는 자신의 죄로 왕자와 왕비, 공주를 잃었다. 오랫동안 자신의 어리석음을 질책하던 왕의 앞에 잃어버렸던 공주가 나타난다. 드디어 왕의 죄를 용서받은 것이다.

그러자 시녀 폴라이나는 왕비 헤르미오네의 조각상을 보여준다. 생전의 왕비와 똑 닮았고, 얼마간 나이가 들어 보이기도 했다. 폴라이나는 이 조각상을 움직이게 할 텐데, 그러려면 믿음을 가져야 한다며 이 대사를 말한다. 그리고 정말로 조각상이 움직이며 왕비가 되살아난다.

행복하려면 올바르게 살려고만 해서는 안 된다. 일부러 이성적인 판단을 멈추고 무언가에 몸을 맡겨보자 하는 '믿는 마음'이 있어야 한다. 자신을 걸고 한 걸음을 내딛지 않고는 행복해질 수 없다. 게다가 여기서는 '있을 수 없는 일이 일어날 것'이라고 믿어야 한다. 그럴 리 없고, 무리라고 생각하는 순간 그것은 불가능하게 된다.

포기하지 않고 꿈을 계속 가져야 한다. 기술 혁신도, 인생도 마찬가지다.

우선은 믿는 마음을 갖자. 사람들이 서로 믿는 마음을 가질 수 있다면, 이 세상은 얼마나 살기 좋아질까.

014

인간이란 무엇인가?
그저 먹고 자기만 하면서 인생의 대부분을
보낸다면? 짐승과 다를 바 없다.
신은 우리에게 앞을 내다보고 뒤를 되돌아보는
큰 사고력을 주셨다.
그 능력과 신에 버금가는 이성을
가졌음에도 썩혀두어 좋을 리 없다.

_『햄릿』 제4막 제4장

What is a man?
If his chief good and market of his time
Be but to sleep and feed? A beast, no more,
Sure He that made us with such large discourse,
Looking before and after, gave us not
The capacity and god-like reason
To fust in us unused.
Hamlet, Act 4 Scene 4

『햄릿』이란 작품은 '인간이란 무엇인가', '사람으로서 고상하게 살려면 어떻게 해야 하는가'를 묻는 극이라고 할 수 있다. 그렇기에 바로 이 햄릿의 대사야말로 작품의 핵심을 찌르는 명대사다.

잉글랜드행이 결정된 햄릿은 로젠크란츠와 길덴스턴과 함께 덴마크에서 출발하여 여행길에 오른다. 도중 노르웨이의 왕자 포틴브라스의 군대가 폴란드의 작은 땅을 공격하기 위해 덴마크 영내를 진군하는 것을 본 햄릿은 대의명분을 위해 목숨을 거는 사람들이 있는데 자신은 해야 할 일을 하지 않고 산다는 생각에 자책감에 휩싸인다. 구체적으로는 아직 클로디어스의 비리를 파헤치지 않은 일을 가리키는 말인데, 일반론으로서 '해야 할 일을 하지 않았다'라고 표현한 점이 셰익스피어답다.

사람들은 자신도 모르게 '그저 먹고 자기만 하면서 인생의 대부분을 보내는' 삶을 보내고는 한다. 그러다 보면 어느샌가 10년, 20년이 지나기도 한다. 그래서는 인생이 금세 끝나버린다. 셰익스피어는 '이성을 발휘하라'고 말한다. '앞을 내다보고 뒤를 되돌아본다'는 말은 '앞으로 어떻게 해야 할지 생각하고 과거를 돌이켜 생각한다'는 뜻이다. 사고력을 활용하여 자신의 인생에 대해 충분히 생각해보자.

Shakespeare quotes Ⅵ

공허함에 사로잡혔다면

Inspiring Shakespeare Quotes

001

훔쳐가도 빼앗긴 사실을
알아채지 못한 자에게는 알려주지 않으면
빼앗기지 않은 셈이 된다.

_『오셀로』 제3막 제3장

He that is robbed, not wanting what is stol'n,
Let him not know't, and he's not robbed at all.
Othello, Act 3 Scene 3

오셀로는 이아고로부터 "데스데모나가 카시오와 바람을 피우고 있다"는 이야기를 듣고 괴로워하며 이 대사를 말한다. 실제로는 거짓말이어서 오셀로가 굳이 괴로워할 필요는 없었는데, '알아버렸다'는 생각에 괴로운 것이다.

여기에서는 자신이 도난당한 사실을 눈치 채지 못하는 사람을 예로 든다. 그 사람은 몰랐기 때문에 즐겁게 지낼 수 있었지만, 도둑맞았다고 알려주는 시점에서 그 사람을 괴롭히게 된다. '모르는 게 약'이라는 속담과 마찬가지로, 알면 마음이 흐트러지는 일이라도 모르면 평온한 마음으로 지낼 수 있다. 이 대사를 하기 직전에 오셀로는 "완전히 속고 있는 편이 나았다, 어설프게 살짝 눈치 채는 것보다"라고 하는데, 이 말도 같은 의미이다. 『겨울 이야기』 제2막 제1장에서 시칠리아의 왕 레온티즈도 비슷한 말을 한다. 잔에 거미가 들어간 줄 모르고 잔을 비워도 아무것도 몰랐기에 아무렇지 않았지만, 거미가 들어 있는 줄 알면서 마셨다면 역겨워서 목을 쥐어뜯었을 것이라고 말한다.

반대로 마음의 평안을 얻고 싶다면 '몰랐던 일'로 하는 수법도 있다. 신경을 써도 어쩔 수 없는 일에 대해서는 자신의 마음을 다스리고, '모르는 일'이라고 스스로 암시를 거는 것이다.

002

사람은 곰으로부터 도망가지만
가는 길 앞에 거친 바다가 기다리면
돌변하여 곰의 엄니에 맞설 것이다.

_『리어왕』 제3막 제4장

Thou'dst shun a bear,
But if thy flight lay toward the raging sea
Thou'dst meet the bear i' th'mouth.
King Lear, Act 3 Scene 4

폭풍 장면에서 폭풍을 피하기 위해 리어왕을 오두막집으로 안내하고 안으로 들어오라고 권하는 켄트 백작에게 리어왕이 하는 대사다.

'앞문에 호랑이, 뒷문에 이리', '호랑이 굴을 벗어나서 용의 굴로 들어간다' 재난이 연달아 일어난다는 뜻, '산 넘어 산이다' 같은 절박하고 진퇴양난의 상황을 가리키는 표현과 조금 비슷하다. 영어로는 'jump out of the frying pan into the fire(작은 재난을 피해 큰 재난에 빠진다)'라는 표현도 있다.

리어왕이 하는 말은 도망칠 수 없는 상황에 처하면 도망가지 않고 싸우겠다는 뜻이다. 이 대사를 하기 직전에 "불치병에 걸린 몸에 작은 병은 고통스럽지도 않다"고도 했는데, '큰일 앞에 작은 일'여기서는 큰일을 앞두고 하찮은 일에 구애받지 말라는 의미로 쓰였다 이라는 표현에 가깝다. 사실은 곰과 싸우고 싶지 않지만, 도망갈 수 없다면 싸우겠다는 말이다. 그렇게 말하자면 "피할 수 없는 것은 포옹해버려야만 하지"(144쪽)와도 통한다. 혹은 곰으로부터 도망쳐 달려간 끝에 거친 바다가 기다리고 있었다는 것으로 말하면, "'최악'이라고 말할 수 있는 동안에는 아직 최악이 아니다"(47쪽)와도 통한다.

다급해지면 인간은 생각지도 못했던 일을 해내게 마련이다. '도망갈 길이 있다', '하지 않아도 된다'고 생각하기 때문에 인간은 자신이 응석을 부리도록 두는 것이다. 자신에게 '도망가지 않겠다'는 태도를 취하도록 해보자.

003

인간이 태어나면서 우는 것은 말이다,
이 엄청난 멍청이의 무대에
올라버렸기 때문이지.

_『리어왕』 제4막 제6장

When we are born, we cry that we are come
To this great stage of fools.
King Lear, Act 4 Scene 6

광란하던 리어왕은 황야에서 맹인인 글로스터 백작과 만나 이렇게 말한다. 사람이 태어나면서 응애 하고 우는 것은 멍청이의 무대에서 바보 같은 인생극장을 연기하게 된 것이 슬프기 때문이라고 한다. 세계를 극장에 비유하는 '세계는 하나의 무대이다'라는 개념을 바탕으로 한 대사다.

비슷한 표현으로 "이 세상은 전부 무대이다, 남자도 여자도 모두 배우에 불과하다"(184쪽), "인생은 걷는 그림자, 가련한 배우다"(190쪽) 등 다수가 있다.

산다는 것은 이 세상이라는 무대에서 역할을 연기하는 것이다. 인생은 연극, 사람은 배우라고 여기는 이 발상은 고대 그리스 시대부터 있었던 것으로, 신플라톤주의의 창시자로 불리는 플로티노스 등도 주창했다.

여기서는 단순히 인생을 무대에 비유할 뿐만 아니라, 무대에 서는 것은 멍청하다는 발상이 더해진다. 인간이 어리석다는 생각은 당시의 인문주의에 근거한 것으로, 오로지 신만이 절대적인 정의이고, 사람은 반드시 틀리는 법이라고 생각했다(83쪽). 틀리기에 인간다운 것이다. 셰익스피어의 무대에 멍청이가 등장하는 것도 이러한 인문주의적 사고방식에 바탕을 두고 있다. 그러나 『리어왕』은 비극이기에 희극의 어릿광대(멍청이)와 달리 이를 부정적으로 표현한다.

004

인내하는 것이 중요하다.
이 세상을 떠나는 것은 태어날 때와 마찬가지다.
언젠가 그런 날이 온다.

_『리어왕』 제5막 제2장

Men must endure
Their going hence, even as their coming hither.
Ripeness is all.
King Lear, Act 5 Scene 2

아버지 글로스터 백작이 나약한 소리를 하며 그만 죽고 싶다고 할 때 아들 에드거가 하는 대사다. 인간은 태어날 때를 선택할 수 없는데, 그것은 죽을 때도 마찬가지로, 마음대로 자신의 목숨을 끊어서는 안 된다. '십계명' 중 하나가 '그대 죽지 말지어다'이기에, 기독교에서는 자살을 금지한다. 따라서 태어나는 것도 죽는 것도 운명이며, 인간이 그때를 고를 수는 없다.

마지막 줄은 나무 열매가 익으면 저절로 떨어지듯 '무슨 일이든 익어가면서 저절로 일어난다'는 뜻이다. 『햄릿』에서 "지금은 파란 열매, 나무를 꼭 붙잡고 있으려 해도 익으면 손을 대지 않아도 땅에 떨어질지니"라고 하는데(176쪽), 나무 열매가 떨어지는 모습은 사람이 죽는 모습이며, 그렇게 자연의 섭리 속에서 사람이 산다는 발상이다. '기회가 무르익기를 기다릴 수밖에 없다'고 번역할 수도 있다.

덧붙여 『햄릿』 제4막 제4장에서는 광란하던 오필리아가 "무엇이든 잘 풀리면 좋겠네, 참을성이 중요해"라고 말한다. 인간의 죽음은 신이 정해주시며, 인간의 탄생과 마찬가지이므로 인간은 언제 죽을지 모른다. 그러니 죽을 때까지는 인내해야 한다. '무상의 바람은 때를 가리지 않는다'고도 말한다.

"무상한 바람이 분다"는 말은 즉 죽음이 찾아온다는 뜻이다(45쪽).

005

한번 신중하게 생각하여 결정한 일이어도
사람은 이를 깨는 법.
결의는 결국 기억의 종이며,
태어나 첫 울음소리는 우렁찼어도
오래 살 힘은 없구나.
지금은 파란 열매, 나무를 꼭 붙잡고 있으려 해도
익으면 손을 대지 않아도 땅에 떨어질지니.

_『햄릿』 제3막 제2장

What we do determine oft we break.
Purpose is but the slave to memory,
Of violent birth, but poor validity,
Which now, like fruit unripe, sticks on the tree,
But fall, unshaken, when they mellow be.
Hamlet, Act 3 Scene 2

『햄릿』은 일단 하려고 마음먹은 일을 이런저런 생각을 하다가 할 수 없게 된 남자의 비극이라고도 할 수 있다. "사느냐 죽느냐" 하는 네 번째 독백도 결의의 뜨거운 붉은색이 사고의 차가운 푸른색으로 물들어 "행동이라는 이름을 잃는다"는 말로 마무리 짓는다(23쪽). 햄릿이 상연한 극중극 중에서 극중 왕의 이 대사는 계속해서 이렇게 이어진다.

> 결의란 자신에게 지불하겠다고 약속한 부채,
> 자신이 지불하는 것을 잊어도 어쩔 수 없는 일이다.
> 열정이 있기에 자신에게 굳게 맹세한 일도,
> 열정이 식으면 맹세도 사라진다.

계속 이렇게 이어진다. "이 세상은 영원하지 않으니…… 사랑이 운명을 바꿀지, 운명이 사랑을 바꿀지, 결국 사람의 지혜가 미치지 못하는 일이다. 위대한 사람이 추락하면 추종자는 도망가고, 가난한 자가 출세하면 적도 자기편에 선다. 이토록 사랑은 운명을 받들어 섬긴다. 부유한 자, 친구가 부족할 일이 없으나, 가난한 자, 불성실한 친구를 시험하려고 하면 곧 친구가 적이 되리라."

여기에는 『아테네의 타이먼』의 주제가 담겨 있다. 『햄릿』이라는 작품에 여러 가지 다른 작품의 씨앗이 가득 찬 사실을 알 수 있다.

006

가마우지처럼 탐욕스러운 '시간'.

_『사랑의 헛수고』 제1막 제1장

Cormorant devouring Time.

Love's Labour's Lost, Act 1 Scene 1

나바라의 왕 페르디난드는 동료 귀족 세 명에게 시간은 가마우지처럼 탐욕스럽게 모든 것을 삼키는데, 그 시간의 낫의 날을 무디게 만들어 명성을 얻자고 제안하며, 세속적인 쾌락을 멀리하고 3년 동안 공부에 몰두하기를 바란다.

'시간'의 신은 커다란 낫을 손에 쥔 노인으로 알려져 있는데, 이는 그리스 신화에서 낫을 손에 쥔 농경신 크로노스와 시간의 신 크로노스를 혼동했기 때문으로 알려졌다. 마찬가지로 목숨을 끊는 낫을 손에 든 사신과도 동일시하게 되었다.

시간은 모든 것을 삼키고, 전부 끝내서 과거로 만들어버린다. 이를 이기려면 시간을 뛰어넘어 사람들의 마음에 새겨질 명성을 세워야 한다.

어떤 사람도 시간에는 이길 수 없고, 언젠가는 그 낫의 칼날에 사라질 수밖에 없다. 그러나 후세에 이름을 남길 만한 활약을 한다면 시간에 승리했다고 할 수 있다. 그렇게 생각한 왕은 세속의 쾌락을 멀리할 것을 제안하는데, 프랑스 공주와 아름다운 세 명의 귀부인이 나타난 순간 그 계획은 무산된다.

시간은 현재의 난국을 해결하거나(186쪽), 슬픔과 상처를 치유해주는 일면도 있지만, 결국에는 인생의 마지막 단락을 짓는 것에 지나지 않는다(191쪽).

현재 한순간의 가치야말로 무엇보다 중요함을 생각하며 행동하자.

007

깨끗함은 더럽고, 더러움은 깨끗하다.

_『맥베스』 제1막 제1장

Fair is foul, and foul is fair.

Macbeth, Act 1 Scene 1

『맥베스』의 마녀들이 외우는 주문 같은 수수께끼 말로 전형적인 '옥시모론' oxymoron, 수사법에서 의미상 서로 양립할 수 없는 말을 함께 사용하는 일이다. 여기서 '페어'는 '공정하다'는 의미가 아니라 '아름답다'는 뜻이다. 금빛이 번쩍거리는 초고층 트럼프 타워가 '깨끗하다' 해도 더러운 돈으로 지어졌다고 생각하면 '더럽다'고도 할 수 있다. '누더기를 입어도 마음은 비단'은 '더러움은 깨끗하다'의 예시가 될 수 있겠다.

셰익스피어의 특징 중 하나로 '다성성' multivocality, 음악에서 동시에 여러 음이 울리는 것이 기본이 되는 구성 원리이 있다. 여러 가지 목소리가 들려와 사람에 따라 보는 관점이 다름을 알 수 있고, 사물은 보기에 따라서 '좋다'고도 '나쁘다'고도 할 수 있으며(160쪽), 다의적으로 해석될 수 있음을 보여준다. 그렇기에 셰익스피어는 '옥시모론'을 자주 사용한다.

희극 『십이야』에서 남장하고 세자리오라고 자칭하는 바이올라가 자신에게 반한 여성에게 "나는 내가 아니다"('사실 저는 여자예요'라는 의미)라고 말하고, 비극 『오셀로』에서도 이아고가 완전히 똑같은 대사를 말한다('정직한 사람으로 보이지만, 사실 나는 악당이다'라는 의미). 그 밖에도 "납으로 된 날개, 빛나는 연기, 차가운 불꽃, 병든 건강"(『로미오와 줄리엣』), "이것은 크레시다이자 크레시다가 아니다"(『트로일러스와 크레시다』) 등 셰익스피어 작품에는 모순된 말이 가득하다.

008

기쁨이 없는 데서 얻을 수 있는 것은 없습니다.
그러니 좋아하는 것을 배우세요.

_『말괄량이 길들이기』 제1막 제1장

No profit grows where is no pleasure ta'en.
In brief, sir, study what you most affect.
The Taming of the Shrew, Act 1 Scene 1

학예의 도시 파도바에 온 청년 루첸티오에게 "무엇이든 좋아하는 학문을 공부하면 됩니다"라고 충고하는 종자 트라니오의 대사다.

'노력이 없으면 이득이 없다(no pain, no gain)'나 '고생 끝에 낙이 온다' 등의 발상과는 반대로 '좋아하는 일은 능숙하게 마련이다'와 유사하다.

공부를 할 때도 '즐겁다', '재미있다'고 느끼지 않으면, 아무것도 익힐 수 없다. 만약 자녀가 공부하기를 바란다면 "공부해"라고 강요할 것이 아니라 얼마나 공부가 즐거운지 가르쳐주는 것이 중요하다. 잔소리만 하면 공부하기 싫다는 인상을 심어줄 뿐, 오히려 역효과다. 우선은 부모나 교사 자신이 공부가 즐겁다고 느끼고 그 즐거움을 전달하지 않으면 아이도 배울 마음이 생기지 않는다.

아이가 어릴 때 함께 그림책을 읽거나 산수 문제를 풀면서 "잘했네!"라고 칭찬해주는 것이 제일 좋은 방법이다. 학교 선생님을 좋아하는지도 중요하다.

어렸을 때 배우는 재미를 알면 그다음에는 아이가 스스로 좋아하는 것을 찾게 된다. 배움이란 학교에서 시험을 잘 보는 것이 아니라 알고 싶은 지식욕을 키우는 것이다.

009

이 세상은 전부 무대이다.
남자도 여자도 모두 배우에 불과하다.
퇴장하고 입장하고
한 사람이 자신이 나갈 차례에
여러 가지 역할을 연기한다.
그 막은 일곱 개의 시대로 이루어진다.

_『뜻대로 하세요』 제2막 제7장

All the world's a stage,
And all the men and women merely players;
They have their exits and their entrances,
And one man in his time plays many parts,
His acts being seven ages.
As You Like It, Act 2 Scene 7

아덴 숲에서 전 공작을 에워싸던 귀족 중에는 비꼬길 좋아하는 제이퀴즈가 있었는데, 그가 이 대사를 한다. 인생은 연극이고, 사람은 배우라고 비유하는 '세계는 하나의 무대이다'라는 개념이다. 인생의 '일곱 개의 시대'란 갓난아기, 아이, 사랑하는 젊은이, 군인, 재판관, 노인, 그리고 병석에 누워 있는 기간이다. 제이퀴즈는 이를 하나하나 설명해나가면서 인생의 마지막에는 "완전한 망각, 이도 없고, 눈도 없고, 맛도 없고, 아무것도 없다"라고 끝을 맺는다. 노인성 치매 문제는 어느 시대나 있었던 셈이다.

'세계는 하나의 무대이다'를 보자면, 『맥베스』(190쪽)에서는 인생의 덧없음(퇴장을 끝으로 모든 소리가 사라진다)을 강조하고, 『리어왕』(172쪽)에서는 인생의 어리석음을 강조하는데, 여기서는 인간이 인생 속에서 여러 역을 연기하는 것을 이야기한다.

『베니스의 상인』 제1막 제1장에서도 베니스의 상인 안토니오가 이렇게 말한다.

> 세상은 세상일 뿐이야, 그라시아노,
> 누구나 자기 역할을 연기하는 무대야.
> 그리고 내 역할은 우울한 역이지.

여러 역할이 있는 게 당연하니 모두 제각기 달라도 상관없다는 발상이다.

010

아아, 시간이여, 이 뒤얽힘,
푸는 것은 당신이지, 내가 아니야.
나에게는 너무 단단해서
풀어헤치려 해도 풀 수 없어.

_『십이야』 제2막 제2장

O time, thou must untangle this, not I,
It is too hard a knot for me t' untie.
Twelfth Night, Act 2 Scene 2

오시노 공작의 사랑의 심부름꾼이 된 바이올라가 남자로 분장하자 올리비아 공주가 그녀에게 반했는데, 자신은 여자이기에 그 사랑에 보답할 수 없다. 게다가 여자로서 공작을 흠모하고 있지만, 남자를 연기하는 한 공작과의 사랑은 이루어지지 않는다. 이 뒤얽힌 것을 푸는 것은 시간에 맡길 수밖에 없다고 말한다.

'시간이 해결해준다'고 말하기도 하는데, 셰익스피어 작품에는 '기다리면 달콤한 이슬이 내리는(항해하기 좋은) 날이 있다'나 '행운은 누워서 기다려라' 기다리는 자에게 행운이 온다는 뜻 식의 느긋한 발상을 바탕으로 한 대사가 드물다. 여기서 바이올라는 자신이 어떻게 해볼 도리가 없으니 때로는 의지할 수밖에 없다고 말하는 것이지, '조만간 어떻게든 되겠지' 하고 낙관하고 있는 것은 아니다. 스페인어 '케세라세라'도 '뭐 어떻게든 되겠지'가 아니라 '될 대로 될 수밖에 없다'는 뜻으로, 바이올라의 대사와 비슷하다. '케세라세라'가 처음 등장한 것은 셰익스피어와 동갑내기 극작가인 크리스토퍼 말로가 1590년경에 집필한『포스터스 박사의 비극』으로, 다음과 같이 쓰여 있다.

> 그래, 사람은 죽어야 해, 영겁의 죽음을.
> 이 가르침을 무엇이라 부를까? 케세라세라다.
> 될 대로 될 수밖에 없다는 것.

011

명예가 나아가는 길은 좁아서
둘이 나란히 설 수 없다.

_『트로일러스와 크레시다』 제3막 제3장

For honour travels in a strait so narrow
Where one but goes abreast.
Troilus and Cressida, Act 3 Scene 3

지혜로운 장수 율리시스가 오만한 아킬레우스의 태도를 바꾸기 위해 그가 아닌 아이아스가 그리스군의 대표로 선출되어 헥토르와 싸워 명예를 얻게 될 수도 있음을 시사한다.

『사기(史記)』에서 '두 영웅은 양립할 수 없다'고 했듯이, 비슷한 힘을 가진 영웅이 두 명 있을 때는 반드시 어느 한쪽만이 남게 된다.

『헨리 4세』 제1부의 마지막 부분에서 할 왕자가 핫스퍼와 일대일 승부를 겨룰 때 "이제 앞으로 나와 명예를 나눌 수 있다고 생각하지 마, 두 별이 하나의 궤도로 도는 일은 없어"라고 말한 것도 같은 의미이다.

『헛소동』에서 도그베리 경관이 "두 사람이 말을 타면 어느 한쪽이 뒤에 앉는 것은 어쩔 수 없다(an two men ride of a horse, one must ride behind)"고 말하는데, 이 역시 같은 내용이다. 중국에는 '일산불용이호'一山不容忍湖, 하나의 산에 두 마리의 호랑이가 살 수 없다라는 속담이 있다.

정상에 서고 싶을 때 쓸 수 있는 표현인데, 반대되는 표현으로는 노자의 '천하의 선두에 나서지 않으면 오히려 지도자로 추대받는다'가 있다.

012

내일, 또 내일, 그리고 또 내일 기록되는 인생 최후의 순간을 향하여 시간은 매일 터벅터벅 발걸음을 새겨간다. 그리고 어제라는 나날은 멍청이들이 죽음에 이르는 먼지의 길을 비췄을 뿐이다. 꺼져라, 꺼져라, 순간의 등불이여! 인생은 걷는 그림자, 가련한 배우다. 무대에 오른 동안은 허세를 부리며 요란하게 떠들어대지만, 그 후에는 뚝 끊기며 소리도 나지 않는다. 백치가 하는 이야기다. 뭐라고 아우성치고 있지만, 아무런 의미도 없다.

_『맥베스』 제5막 제5장

To-morrow, and to-morrow, and to-morrow, Creeps in this petty pace from day to day, To the last syllable of recorded time; And all our yesterdays have lighted fools
The way to dusty death. Out, out, brief candle! Life's but a walking shadow, a poor player, That struts and frets his hour upon the stage, and then is heard no more. It is a tale told by an idiot, full of sound and fury, signifying nothing.

Macbeth, Act 5 Scene 5

맥베스는 아내를 위해 왕이 되는 야망을 이루었음에도, 그 부인의 부고를 듣고 인생의 허무함을 느끼며 이렇게 이야기한다. 맥베스의 독백으로 알려진 유명한 대사다. 사람을 배우에 비유하고 인생을 연극에 비유하는 '세계는 하나의 무대이다' 사상에 근거한 것이다.("우리는 꿈을 짜서 만들어내는 실과도 같아"(68쪽), "인간이 태어나면서 우는 것은 말이다"(172쪽), "이 세상은 전부 무대이다"(184쪽)). '순간의 등불'이란 생명을 은유한 것이다. 『오셀로』 제5막 제2장에서도 데스데모나를 죽이려고 결심한 오셀로는 "불을 끄고, 그렇게 생명의 불을 끄자"라고 중얼거린다. "백치가 하는 이야기다"를 형용하는 'sound and fury'는 'The Sound and the Fury'로서 윌리엄 포크너의 소설(33세의 중증 지적장애인이 하는 이야기)의 제목이 되었다. 일본에는 『울림과 분노』한국은 『음향과 분노』 또는 『소리와 분노』로 번역되었다로 소개되었다.

배우가 무대에 설 차례가 끝나는 것을 '죽음'이란 이미지로 인식하는데, 이는 '죽음을 생각하라'는 당시의 발상을 바탕으로 한다. 맥베스에게는 아내가 죽어서는 "아무런 의미도 없다"는 것이다. 인생의 무상함을 이렇게까지 표현한 말은 없을 것이다.

Shakespeare quotes Ⅶ

풍요로움에 대해 생각한다면

Inspiring Shakespeare Quotes

001

돈을 빌리고 빌려주는 것은 불화의 근원.
빌려주면 돈과 친구를 동시에 잃는다.
빌리면 절약이 어리석어 보인다.

_『햄릿』 제1막 제3장

Neither a borrower nor a lender be,
For loan oft loses both itself and friend,
And borrowing dulleth th'edge of husbandry.
Hamlet, Act 1 Scene 3

오필리아의 아버지 폴로니어스는 파리로 유학을 떠나는 아들 레어티스에게 몇 가지 교훈을 남기는데, 이것이 그중 하나이다. 친구에게 돈을 빌려주면 좀처럼 돌려받지 못하고, 그 결과 우정이 깨진다고 한다.

첫 번째 줄의 영문을 직역하면 '돈을 빌리는 사람이나 빌려주는 사람이 되어서는 안 된다'이다. 『베니스의 상인』 제1막 제3장에서 상인 안토니오가 샤일록에게 "돈을 빌려줄 생각이 있다면 친구에게 빌려주려는 생각은 하지 마"라고 말하는 것도 의미심장하다.

셰익스피어 자신은 돈을 함부로 쓰지 않고, 절약가였던 것으로 알려졌다. 낭비하지 않고 부지런히 저축해 고향에 동네에서 두 번째로 큰 집을 장만해 가족이 살도록 했다. 그렇게 돈을 가지고 있었으니, 친구가 빌려달라고 부탁하는 일도 많았을 것이다. 그리고 빌려준 결과, 친구에게 배신감을 느끼는 경험을 했을지도 모른다. 셰익스피어 작품에서는 친구에게 배신당하는 주제를 자주 다룬다(97, 103, 177쪽).

만약 친구가 돈을 빌려달라고 하면 "아, 지금 현금이 없어"라는 식으로 잘 얼버무리며 거절하자. 친구를 잃고 싶지 않다면 말이다.

002

각하, 명성이란 남자에게도 여자에게도
그 사람의 영혼의 둘도 없는 보물입니다.
지갑이라면 훔쳐가도 괜찮습니다. 있어도 없어도
그만이지요. 자신의 것이 다른 사람의 것이 되고,
손에서 손으로 거쳐갑니다. 그렇지만 사람의 명성
을 훔치는 자는, 훔친 자에게는 아무런 이득이 없는
데도, 사람을 아주 가난하게 만듭니다.

_『오셀로』 제3막 제3장

Good name in man and woman, dear my lord,
Is the immediate jewel of their souls
Who steals my purse steals trash. 'Tis something, nothing:
'Twas mine, 'tis his, and has been slave to thousands.
But he that filches from me my good name
Robs me of that which not enriches him
And makes me poor indeed.
Othello, Act 3 Scene 3

돈이라면 도둑맞더라도 후회할 필요가 없다는 내용은 셰익스피어 작품에서 자주 볼 수 있다. 도둑맞아도 신경 쓰지 않으면 마음은 평온할 수 있다. 자기 수중에 아직 그런대로 돈이 남아 있다면 '돈은 돌고 도는 것'이라고 생각하면 된다.

그렇지만 명성은 한 번 상처를 입으면 돌이킬 수 없다. 『오셀로』에서는 명성의 중요성이 누누이 강조된다. 카시오는 술에 취해 행패를 부리는 바람에 부관 신분을 박탈당했는데, 그때 이렇게 한탄한다. "명성, 명성, 명성! 아아, 나는 명성을 잃었다. 나 자신의 가장 소중한 것을 잃어버렸다." 이아고는 "명성이란 공을 세우지 않아도 손에 들어오고, 죄가 없어도 사라지는, 보잘것없는, 가짜 허울입니다"라고 큰소리친다. 비록 잃기 쉬운 것일지라도 사람은 명성이 없으면 사회에서 활약할 수 없다. 현대 사회에서는 '명성'을 '평판'으로 바꿔 생각하면 이해하기 쉬울 것이다. 특히 SNS 등 온라인상에서는 사람들의 평판이 쉽게 무너지고, 한번 퍼지면 좀처럼 평판을 회복하기 어렵다. 구설수에 올라 경영난을 겪게 되기도 한다. 험담을 올리는 사람은 죄의식 없이 그러는지 모르지만, 당하는 사람은 인생을 파괴당한다. 지갑을 도둑맞는 것보다 그편이 훨씬 무서운 것이다.

003

가난해도 만족하는 자는 충분히 풍요롭습니다.
그렇지만 가난해지는 일을 두려워하는 자에게는
무한한 재산도 겨울의 쓸쓸함과 마찬가지입니다.

_『오셀로』 제3막 제3장

Poor and content is rich, and rich enough,
But riches fineless is as poor as winter
To him that ever fears he shall be poor.
Othello, Act 3 Scene 3

이아고는 교묘한 말로 오셀로를 속인다. 데스데모나라는 부를 얻고도 그것을 잃을까 두려워하면 풍요로움을 잃고, 겨울과도 같은 쓸쓸함을 느낄 것이라고 말하며 '데스데모나를 잃는 공포'를 부추긴다.

예로부터 가난한 사람의 삶이 훨씬 마음 편하고, 재산이 있는 사람은 그 관리로 마음고생이 심하다고 했다. '만족은 크나큰 복이다', '풍요로움은 마음고생과 불안을 가져온다'고 말하기도 한다.

잃을 것이 없다면 마음 편안한 삶이라고 할 수도 있겠지만, 우정이나 가족, 재산 등 지킬 것이 없는 삶은 너무 슬프다. 맥베스는 '이 나이에 당연히 가졌어야 할 명예, 사랑, 순종, 많은 친구 등'을 갖지 못했음을 한탄한다(제5막 제2장). 보통 사람이라면 무엇인가 지킬 것이 있을 것이다. 하지만 그것을 잃을까 걱정하기 시작하면 한이 없다. 잃지 않도록 경계하는 것은 중요하지만(11쪽), 지나친 걱정은 백해무익하다.

앞으로 어떻게 될지 모르는 일을 지금부터 걱정하는 것은 괜히 사서 고생하는 것에 불과하다. '될 대로 될 것'이라고 마음먹자(44, 187쪽).

행복은 가난한가 부자인가에 따라 결정되는 것이 아니라 만족하는가에 따라 결정된다.

004

빛나는 것이 모두 금은 아니다.

_『베니스의 상인』 제2막 제6장

All that glitters is not gold.

The Merchant of Venice, Act 2 Scene 6

포샤의 아버지가 딸의 사위를 고르는 방법으로 선택한 상자 고르기는 금, 은, 납 중에서 옳은 걸 하나 고르라는 것이었다. 첫 번째 도전자 모로코 공작은 금 상자를 열고 안에 비바람을 맞아 뼈만 남은 해골과 '빛나는 것이 모두 금은 아니다'로 시작하는 문장이 적힌 종이를 발견한다. 이 속담은 셰익스피어가 사용하기 전부터 잘 알려졌었는데, 셰익스피어의 대사로서 더욱 널리 알려지게 되었다.

이솝 우화 '금도끼, 은도끼'에서는 금, 은, 철 중에서 고르는데, 여기서는 금, 은, 납 상자 고르기이다. 올바른 상자를 골라낸 바사니오는 이렇게 말한다. "과연, 겉모습은 내적 가치를 반영하지 않는다. 세상은 언제나 겉모습에 속는다. 법정에서는 아무리 지저분하고 썩어빠진 하소연이라도 품위 있는 목소리로 맛을 내면 죄악이 흐려져서 보이지 않는다. 종교에서도 어떤 끔찍한 잘못을 해도 진지한 얼굴로 축복하고 설교하고 이를 인정하면 아름다운 장식으로 꺼림칙함을 감추고 만다. 아무리 보잘것없는 악이라도 겉보기를 조금은 치장하는 법이다." 미인의 화장도 장식에 불과하다며 '빈틈없는 세상이 가진 겉치레의 진실'을 경계한다.

겉과 속은 일치하지 않는다는 주제는 셰익스피어 작품에 자주 등장한다(75쪽). '누더기를 입어도 마음은 비단'에 대해서는 119쪽을 참조하자.

005

이름이 뭐길래? 장미라 불리는 저 꽃은
다른 이름으로 불러도 달콤한 향은 변함이 없어.

_『로미오와 줄리엣』 제2막 제2장

What's in a name? That which we call a rose
By any other word would smell as sweet.
Romeo and Juliet, Act 2 Scene 2

줄리엣은 자신이 첫눈에 반한 남자가 적대 관계인 캐풀렛 가문의 외아들 로미오란 사실을 알고 깜짝 놀라 저택 발코니에 나와 이 대사를 외친다. 캐풀렛이란 이름이든 아니든, 자신에게는 멋진 사람임에 변함이 없다는 의미이다.

사람을 판단할 때 직함과 소속으로 판단할 게 아니라 그 사람이 어떤 사람인지를 봐야 한다. 이는 그림을 감상할 때 그림에 붙여진 라벨을 보고 작가의 이름을 알고 비평가의 해설을 읽고 그 그림의 가치를 따질 것이 아니라 그림 자체의 장점을 봐야 하는 것과 같다. 중요한 것은 내적 가치이지 어떤 라벨이 붙어 있느냐가 아니라는 점에서 셰익스피어 작품에 자주 나오는 '겉모습과 내적 가치' 주제와 공통된다.

문학 연구에서는 유명한 작가가 쓴 것이라 읽는 것이 아니라 텍스트 그 자체의 장점을 이해해야 한다며, 1920년대에 케임브리지대학의 교수 I. A. 리처즈 등이 저자의 이름을 가리고 학생들에게 읽게 하는 실천 비평을 실시한 것이 알려졌다. 이때부터 뉴크리티시즘(신비평)이 발전했다.

유명한 브랜드 제품을 가진 것을 자랑스러워하는 사람에게 알려주고 싶은 대사다.

006

너무 달콤한 벌꿀은
그 달콤함 때문에 싫어져
맛을 보면 식욕을 잃는다.
그렇기에 절도를 지켜 사랑해야 한다.
그것이 오랜 사랑의 길이다.
너무 서두르는 것은 느린 걸음과 다름없다.

_『로미오와 줄리엣』 제2막 제6장

The sweetest honey
Is loathsome in his own deliciousness,
And in the taste confuounds the appetite.
Therefore love moderately; long love doth so.
Too swift arrives as tardy as too slow.
Romeo and Juliet, Act 2 Scene 6

로런스 신부는 줄리엣과 빨리 결혼하고 싶어 안달하는 로미오에게 "그런 격렬한 기쁨은 격렬하게 끝난다"고 충고하면서 이렇게 말하며 과도한 열정과 너무 서두르는 것을 경고한다. '너무 달콤한 벌꿀'은 지나친 사랑을 은유한 말이다. '사랑은 조금씩 내놓아라', '뜨거운 사랑은 식기 쉽다'는 표현도 있다.

마지막 구절은 "현명하고 신중하게 하거라, 급하게 뛰어가는 자는 넘어지게 마련이다"(14쪽)와 유사한 내용으로, 너무 허둥대면 넘어지거나 해서 오히려 늦는다는 의미이다. '지나침은 미치지 못함과 같다'는 말과 동일하다.

『베니스의 상인』 제1막 제2장에서 네리사는 이렇게 충고한다. "너무 많이 먹어서 기분 나빠지는 것도, 배가 너무 고파서 기분 나빠지는 것도 마찬가지지요. 그러니 아주 몹시 곤란하지 않은, 적당한 정도의 상태가 예사롭지 않은 행복입니다. 정도를 넘어서면 흰머리가 늘고, 정도를 지키면 목숨이 늘어난다고 합니다." 『헨리 8세』 제1막 제1장에서 노퍽 공작은 이렇게 말했다. "그렇게 발끈 화내며 화로를 뜨겁게 달구면 오히려 자신이 화상을 입습니다. 너무 서두르면 너무 지나쳐서 손해를 봅니다. 불이 너무 세면 끓어 넘쳐서 양이 늘어난 것처럼 보여도 사실은 줄어들지요." 라퓨는 "절도 있는 탄식은 죽은 자에 대한 의무이지만, 지나친 슬픔은 산 자에게 상처를 준다"(『끝이 좋으면 다 좋아』 제1막 제1장)라고 타이른다.

007

나는 호두 껍데기에 갇혀도
무한한 우주의 왕이라고 생각할 수 있는 남자다.

_『햄릿』 제2막 제2장

I could be bounded in a nutshell, and
count myself a king of infinite space.
Hamlet, Act 2 Scene 2

'무념무상의 경지에 이르면 불 또한 시원해진다' 어떤 고난도 정신력으로 극복할 수 있다는 뜻는 표현과 비슷하지만, 정신 집중 차원의 문제가 아니라 인식론의 문제다.

인간은 무엇인가를 인식할 때 마음에 그 심상, 즉 판타즈마를 형성하여 인식한다. 판타즈마가 그 사람의 인식 세계이며, 만일 사람에 따라 다르게 인식할 경우 사실이 어떠한지를 확인하려 해도 근거가 되는 것은 개개인의 판타즈마밖에 없는 이상, 누구의 인식이 올바른지 정할 수 없다. 다른 사람이 그것을 호두 껍데기처럼 좁은 세계라고 인식해도, 자신이 '무한한 우주'에 있다고 인식한다면 자신에게 그것은 '무한한 우주'인 것이다.

원래 '좁다', '넓다'라고 하는 감각은 사람에 따라서 다르다. 좁은 아파트에 살아도 특별히 좁다고 느끼지 않는 사람도 있을 것이고, 넓은 집에 살아도 비좁다고 느끼는 사람도 있을 것이다. 어떤 것의 좋고 나쁨은 사물 그 자체에 있는 것이 아니라, 그것을 어떻게 받아들이는가 하는 사람의 가치 판단 속에 있다.

이를 반대로 응용하면 의식적으로 자신의 정신을 다스림으로써 자신에게 가장 편리한 환경을 만들어낼 수 있다. 부정적으로 생각하지 말고, 긍정적으로 생각함으로써 스트레스받지 않는 삶을 살자.

008

사람은 모두 소중한 것을 갖고 있을 때는
그 소중함을 깨닫지 못하는 법이죠.
그러나 그것을 잃고 나서야 처음으로
둘도 없는 것이었다고 깨닫고
그것이 자신의 것이었을 때
깨닫지 못한 소중함을 알게 됩니다.

_『헛소동』 제4막 제1장

What we have we prize not to the worth
Whiles we enjoy it, but being lack'd and lost,
Why then we rack the value, then we find
The virtue that possession would not show us
Whiles it was ours.

Much Ado about Nothing, Act 4 Scene 1

결혼식에서 신랑 클라우디오는 신부 히어로가 다른 남자를 만나고 있었다며 격분하고, 히어로는 너무 충격받은 나머지 기절한다. 결혼식을 주관하던 수도사는 신랑 측 사람들이 떠난 뒤 히어로가 목숨을 잃었다고 거짓으로 공표하자고 제안하며 이 대사를 말한다. 신랑도 잃었다고 생각하면 그녀를 소중히 할 걸 그랬다고 생각하게 될 터라는 것이었다.

"사람은 종종 자기가 버려놓고는 다시 찾는 법이다"(『안토니와 클레오파트라』 제1막 제2장)라는 비슷한 대사도 있다. 클레오파트라와 염문을 퍼뜨리며 아내 풀비아를 홀대해온 안토니였지만, 막상 아내가 죽자 "좋은 여자였다"고 술회한다. 비슷한 표현으로 '일찍 죽는 아이는 얼굴이 아름다운 법이다', '효도하고 싶을 때는 부모가 없다', '놓친 물고기가 크다' 등이 있다.

사람은 갖고 있던 것을 잃어버리고서야 비로소 그 가치를 깨닫는다. 갖고 있을 때는 그 고마움을 깨닫지 못하는 것이다.

예를 들어 건강 하나만 봐도 잃고 나서 그 소중함을 되새기는 것을 들 수 있다. 잃기 전에 가지고 있다는 고마움을 되새기자. 당연한 일상을 보낼 수 있는 것이 행복이다.

009

필요를 논하지 말라.
아무리 비루한 거지라도
가난한 중에 불필요한 것을 갖고 있다.

_『리어왕』 제2막 제4장

O, reason not the need!
Our basest beggars
Are in the poorest thing superfluous.
King Lear, Act 2 Scene 4

리어의 첫째 딸 거너릴과 둘째 딸 리건은 리어에게 저택에는 하인들이 많아 그자들이 그를 돌보면 되니, 수행 기사 따위는 한 명도 필요 없다고 말한다. 리어 직속 기사들의 난동이 심해 피해를 입고 있다는 것이다.

이에 리어는 "꼭 필요한지 아닌지 하는 문제가 아니다, 만약 옷을 입는 것이 몸을 따뜻하게 할 필요를 위해서라면 너도 몸을 따뜻하게 할 수 없는 가슴이 트인 드레스를 입고 있지 않느냐"고 반론한다.

리어가 수행 기사를 원하는 것은 전 왕으로서의 위엄을 유지하기 위해서이다. 사람들은 꼭 필요하지 않은 여러 가지 일을 한다. 그것이 문화다. 의례와 의식 같은 것도 이에 포함된다. "만약 자연이 필요로 하는 것 이상을 인간에게 주지 않으면, 인간의 생활 따위 짐승의 삶과 다를 바 없다"고 리어는 말한다.

미니멀라이프의 가장 심오한 점은 '자신에게 정말 필요한 것을 가려내는 것'이라고 한다. 하지만 평소 쓰지 않아도 추억이 담겨 있거나 아끼고 싶은 것에 대해 필요를 논할 수는 없을 것이다.

이 명언은 미니멀라이프의 적일지도 모르겠다.

010

가치는 개인의 의지로 정해지지 않는다.

_『트로일러스와 크레시다』 제2막 제2장

But value dwells not in particular will.

Troilus and Cressida, Act 2 Scene 2

트로이 전쟁은 트로이의 왕자 파리스가 스파르타의 왕 메넬라오스의 아내 헬레네를 빼앗는 바람에 벌어졌는데, 트로이 왕자의 장남 헥토르는 헬레네에게 그만한 가치가 없다며 이 대사를 한다. 파리스 개인이 헬레네에게 과한 가치를 두고 있음에 불과하다는 것이다. 이 헥토르의 생각은 사물에는 그 고유의 의미와 본질이 있다고 여기는 본질주의다.

이에 동생 트로일러스는 실존주의적 관점에서 반박한다. 예를 들어, 아내를 선택하는 것은 자신의 호불호에 근거하는 주관적 판단이라고 한다. 가치는 객관적으로 정해지는 것이 아니라 주관적으로 정해지는 것이다. 그래서 광고에서도 상품의 상세한 사실을 늘어놓지 않고 이미지로 호소하기도 한다.

헥토르의 본질주의가 더 일반적인 관점일 수도 있지만, 셰익스피어는 트로일러스와 같은 실존주의적 발상을 곳곳에서 드러낸다. 햄릿의 대사 "애초에 그 자체가 좋거나 나쁜 것이 아니야, 생각하기 나름이지"(160쪽)도 그러한 사례다.

본질주의는 객관적 사실을 중시한다. 하지만 진정한 '가치'란, 자신이 주관적으로 판단하여 자신이 그 가치를 이해했을 때 느끼는 것이 아닐까.

다른 사람이 좋아하는 것을 추구할 것이 아니라 스스로 판단하여 자신이 좋아하는 것을 소중히 하자.

011

어리석은 생각이군.
사람을 복장으로 판단하다니.

_『페리클레스』 제2막 제2장

Opinion's but a fool, that makes us scan
The outward habit by the inward man.
Pericles, Act 2 Scene 2

펜타폴리스의 왕 시모니데스는 창 시합에 출전하는 기사들과 녹슨 갑옷을 몸에 두른 페리클레스를 보고 이렇게 말한다. '누더기를 입어도 마음은 비단'(119쪽)이란 말과 같다.

그렇지만 복장이나 몸가짐에서 그 사람의 사회성이나 인품이 보이는 것도 사실이다. 그렇기에 속이려는 사람은 옷차림을 바꾼다. 원래 연극이란 분장을 달리함으로써 여러 역할을 연기해 보여주는 것인데, 연극과 마찬가지로 인생에서도 겉보기가 의미를 가지는 점에 대해서 리어왕은 이렇게 말한다. "누더기를 입으면 악덕이 훤히 보이지만, 법의나 모피가 달린 가운이라면 완전히 숨길 수 있다. 죄에 금을 입히면 강력한 정의의 창도 꺾이고 말아. 누더기를 입히면 난쟁이의 짚으로도 꿰뚫리지."(제4막 제6장)

'겉보기'에 관한 문제다. 맥베스 부인은 남편에게 "세상을 속이려면 세상과 같은 얼굴을 해야죠…… 무심한 꽃으로 가장하고, 거기에 숨어 있는 뱀이 되세요"(제1막 제5장)라고 했고, 이아고는 "남에게 보이는 내 행동이 이 마음속과 본심을 전부 드러내는 일이 있어서야 되겠어? 그렇게 될 바에야 나는 차라리 심장을 소맷부리에 달아 까마귀가 쪼아 먹도록 하겠어, 나는 지금의 내가 아니야"(『오셀로』 제1막 제1장)라고 토로한다.

012

쓸데없는 작은 가지는 잘라내는 법이지.
큰 가지가 자라도록 말이야.

_『리처드 2세』 제3막 제4장

Superfluous branches
We lop away, that bearing boughs may live.
Richard II, Act 3 Scene 4

정원사들이 정치를 의논하는 장면에서 왕이 벼락출세한 추종자들의 목을 베었더라면 지금쯤 평안했을 것이라는 뜻으로 한 정원사가 이 대사를 한다.

잘라내는 가지를 인간에 비유하면 뜨끔하지만, 가지치기는 나무가 건강하도록 하는 것이다. 셰익스피어는 자주 식물로 은유하고는 한다. 큰 가지는 '거물', 작은 가지는 '하찮은 인물'을 의미하며, 오늘날의 민주주의와는 맞지 않지만, 셰익스피어의 세계에는 '연작이 어찌 홍곡의 뜻을 알랴'(제비와 참새 등 작은 새는 기러기나 고니 등 큰 새의 마음을 모른다)는 발상이 있다. 셰익스피어에게 덕이 높은 고귀한 인간과 무지몽매한 어중이떠중이는 뚜렷하게 구별되었다. 예를 들어, 로젠크란츠와 길덴스턴이 햄릿 왕자를 대신해 살해되었을 때 햄릿은 "양심은 조금도 찔리지 않아…… 거물끼리 불꽃을 튀기며 베고 얽히는 칼끝에 잔챙이가 배회하는 것은 위험하지"(제5막 제2장)라고 말한다.

계급 제도가 명확하던 시대에는 신분 차이가 컸다. 말볼리오가 "타고나길 위대한 자도 있다면, 위대함을 쟁취한 자도 있고, 위대함을 부여받은 자도 있습니다"라는 가짜 연서를 읽고 기분이 좋아 흥분했던 것은 높은 계급으로 올라갈 수 있다는 생각에서였다.

Shakespeare quotes Ⅷ

연애로 고민이라면

Inspiring Shakespeare Quotes

001

어느 정도라고 셀 수 있는 사랑 따위는 변변찮아.

_『안토니와 클레오파트라』 제1막 제1장

There's beggary in the love that can be reckon'd.

Antony and Cleopatra, Act 1 Scene 1

"나를 얼마나 사랑하죠?" 클레오파트라의 질문에 마크 안토니는 이렇게 대답하며 자신의 사랑이 얼마나 큰지 자랑한다.

『리어왕』 제1막 제1장에서 첫째 딸 거너릴이 "말로 표현할 수 없을 만큼 당신을 사랑해요"라고 말한 것은 아첨이었지만, 줄리엣은 진심으로 다음과 같이 말한다(『로미오와 줄리엣』 제2막 제6장).

> 자신의 가치를 셀 수 있는 것은 가난한 사람이에요.
> 제 진정한 사랑은 이미 너무나도 커져서
> 그 넓이의 반도 헤아릴 수가 없어요.

줄리엣은 제2막 제2장에서 이렇게 말하며 자신의 사랑이 얼마나 큰지 호소한다. "내 후한 마음은 바다처럼 끝없고, 사랑하는 마음도 바다처럼 깊어. 주면 줄수록 그리움이 자꾸 더해져. 두 마음 모두 끝이 없어."

『헛소동』 제2막 제1장에서는 사랑하는 히어로와의 결혼이 정해지자 클라우디오 백작이 "침묵은 가장 기쁘다는 표현입니다, 얼마나 행복한지 말할 수 있을 정도라면 대단치 않은 행복입니다"라고 말한다.

기쁨이 너무 커서 말로 표현할 수 없을 때, 혹은 자신이 말주변이 없는 것을 얼버무리고 싶을 때, 쓸 만한 표현이다.

002

연인은 시간에 늦거나 하지 않는다.
빨리 오는 일은 있을 수 있어도.
사랑하는 마음은 박차를 가하는 것이니까.

_『베로나의 두 신사』 제5막 제1장

Lovers break not hours,
Unless it be to come before their time,
So much they spur their expedition.
The Two Gentlemen of Verona, Act 5 Scene 1

밸런타인의 연인 실비아 공주와 만나기로 한 신사 에글러무어의 대사다. 사랑하는 사람은 사랑하는 이를 보고 싶어 안절부절못하며 시간의 날개보다 빠른 날개를 달고 날아가려 한다. 로미오에게 심부름을 보낸 유모가 돌아오는 것이 늦는다고 초조해하며 기다리는 줄리엣은 이렇게 말한다. "사랑의 심부름을 보낸다면, 어두운 산 너머로 그림자를 쫓아내는 햇빛보다 열 배 빨리 뛰어다니는 이 가슴의 심정이 아니면 안 돼. 그래서 사랑의 여신의 마차는 가벼운 비둘기가 끄는 거야. 그래서 바람처럼 빠른 큐피드에게 날개가 있는 걸 거야."(제2막 제5장)

"시간은 사람에 따라 다르게 흘러"(28쪽)라고 말하는 것이다. 사랑에 빠진 사람에게 사랑하는 사람과 만날 때까지의 시간은 애가 타고, 만나면 시간이 순식간에 지나간다.

"아, 로미오, 로미오, 당신은 왜 로미오인가요?" 이렇게 시작하는 발코니 장면의 시간 경과는 심야부터 새벽까지 몇 시간인데, 두 사람이 키스하는 동안의 몇 분은 눈 깜짝할 사이에 지나간다(셰익스피어 마법!).

『베니스의 상인』 제2막 제6장에서도 "사랑하는 자의 시간은 시계보다 빠르다(Lovers ever run before the clock)"라고 하는데, "새로운 사랑의 증서에 도장을 찍을 때는 엄청난 속도를 내지만, 옛 맹세를 지킬 때는 열 배로 느리다"라고 끝이 난다.

003

남자는 구애할 때는 4월이어도
결혼할 때는 12월이에요.
여자는 결혼하기 전에는 5월이어도
아내가 되면 날씨가 바뀌죠.

_『뜻대로 하세요』 제4막 제1장

Men are April when they woo, December when they wed.
Maids are May when they are maids,
but the sky changes when they are wives.
As You Like It, Act 4 Scene 1

올란드와의 연애 게임 중에 '가니메데'로 남장한 로잘린드가 하는 재미있는 이야기다. 결혼하면 애정은 식고 북풍이 분다는 말이다. '낚은 물고기에게는 먹이를 주지 않는다'와 같다. 여성도 잔소리 많은 아내로 변한다는 뉘앙스가 담겨 있다.

『트로일러스와 크레시다』 제1막 제2장에서는 크레시다가 여자는 구애받을 때가 한창 좋을 때라며 이렇게 이야기한다.

"여자는 구애받는 동안에는 여신이지만, 넘어가면 끝이야. 즐거운 것은 한창 구애할 때뿐이야. 사랑받으면서 그걸 모르는 여자는 바보야. 남자는 가질 수 없는 것에 감사하지."

『베니스의 상인』 제2막 제6장에서 "사랑하는 자의 시간은 시계보다 빠르다"고 말한 그라시아노는 사랑하는 자는 사랑을 얻어내려고 할 때 열중하지만, 일단 손에 들어오면 느려진다고 설명한다. 그는 "무엇이 됐든 손에 넣었을 때보다 손에 넣으려고 할 때 뜨거워지지"라고 한다.

이는 물건에도 해당한다. 너무 갖고 싶어서 사놓고는 결국 별로 쓰지 않고 버려둔 경험이 없는가. 건강 기구라든지 착즙기라든지 손에 넣을 때까지는 계속 생각났는데, 막상 손에 넣으면 내버려둔다. 인간은 갖지 못한 것을 갖고 싶어 하는데, 그럴 때는 『파랑새』의 교훈을 떠올려보자(129쪽).

004

사랑은 마치 그림자다.
쫓으면 쫓을수록 도망간다.
이쪽이 도망가면 쫓아오고
이쪽이 쫓으면 도망간다.

_『윈저의 즐거운 아낙네들』 제2막 제2장

Love like a shadow flies when substance love pursues
Pursuing that that flies, and flying what pursues.
The Merry Wives of Windsor, Act 2 Scene 2

윈저의 시민 포드는 아내의 바람 현장을 붙잡기 위해 브룩이라는 가명을 대며 폴스타프를 찾아간다. 바람 상대인 폴스타프에게서 밀회 정보를 빼오려는 꿍꿍이속이었다. 폴스타프를 속이려고 자신은 포드 부인을 사랑한다고 거짓말을 하며 사랑에 얽힌 이런 대사를 한다.

확실히 연애는 잘 안 되는 경우가 많다. 좋아하는 사람에게는 미움을 받고, 싫어하는 사람에게 호감을 사기도 한다.

『헛소동』 제1막 제1장에서 베아트리체가 "이상한 사람한테 구애받으면 참을 수 없어…… 남자에게 사랑한다는 말을 듣는 것보다, 기르는 개가 까마귀에게 짖는 소리를 듣는 편이 나아"라고 말할 때는 싫어하는 남성에게 호감을 사기 싫다는 의미지만, 사랑의 줄다리기에서 상대의 관심을 끌려고 일부러 냉담한 척하는 일도 있다. 인간은 좀처럼 얻기 힘든 것일수록 더 갖고 싶은 법이기 때문이다.

줄리엣도 "제가 금방 넘어갈 여자라고 생각한다면, 저는 인상을 찌푸리며 싫다고 말하고 토라질 거예요"(제2막 제2장)라고 말한다. 클레오파트라도 일부러 연인 안토니의 뜻에 어긋나는 일만 하는데, 시녀가 "거스르지 않는 편이 좋아요"라고 말하자 "그랬다간 질려버릴 거야"(제1막 제3장)라고 되받는다.

005

이 제가, 당신의 영혼보다도 소중한 것으로서,
당신과 끊으려야 끊을 수 없는 한 몸이 되었을 터.
아아, 제게서 당신 자신을 떼어내지 마세요.
그도 그럴 것이, 알겠어요, 당신?
파도가 흐름을 거스르며 소용돌이치는 바다에
물을 한 방울 떨어뜨리고, 그 한 방울을 원래대로
늘리지도 줄이지도 않고 꺼내는 것이
불가능하듯이, 제게서 당신만을 떼어내고
저와 분리하는 것은 절대로 불가능한걸요.

_『실수 연발』 제2막 제2장

That, undividable, incorporate,
Am better than thy dear self's better part.
Ah, do not tear away thyself from me!
For know, my love, as easy mayest thou fall
A drop of water in the breaking gulf,
And take unmingled thence that drop again
Without addition or diminishing,
As take from me thyself and not me too.
The Comedy of Errors, Act 2 Scene 2

안티폴러스의 아내 아드리아나는 남편이 다른 여자를 만나는 것은 아닐까 의심하며, 한번 맺어진 부부는 하나가 된 이상 결혼 전의 두 사람의 상태로 돌아가는 것은 불가능하다고 호소한다. 진지한 결혼 훈계(특히 가톨릭은 이혼을 인정하지 않기에 중요한 의미가 있다)이지만, 우습게도 이렇게 호소하고 있는 상대인 안티폴러스는 남편을 쏙 빼닮은 쌍둥이 동생이었다.

아내는 남편에게 쌍둥이 남동생이 있다는 사실조차 몰랐기에 상대가 남편이라고 굳게 믿는다. 당하는 쪽은 모르는 여성에게 남편 취급을 받아 당황할 뿐이었다. 당신을 모른다고 말하지만, 아내는 남편이 장난치는 줄 알고 억지로 집으로 데려간다.

셰익스피어는 부부와 가족은 바다처럼 많은 사람이 있는 가운데, 그들만 끈끈한 유대관계로 맺어진 특별한 관계라고 여겼다. 그래서 쌍둥이 중 한 명인 안티폴러스 동생이 행방불명된 형을 찾으려 할 때도 "나는 넓은 세상 속에서 넓은 바다의 한 방울이야, 바닷속에서 한 방울을 더 찾으려는데 동료를 찾으려다 바다에 빠지면 보이지 않게 되고 알고 싶다고 발버둥치는 사이에 자신이 사라져버릴 거야"(제1막 제2장)라고 한다.

부부와 가족은 넓은 바다의 한 방울과도 같은 끈끈한 유대관계로 맺어져 있다.

006

진실된 사랑의 여정은 결코 평탄하지 않아.

_『한여름 밤의 꿈』 제1막 제1장

The course of true love never did run smooth.

A Midsummer Night's Dream, Act 1 Scene 1

청년 라이샌더가 사랑하는 허미아에게 던지는 대사다. 그녀는 아버지가 다른 남자와 결혼하라고 명하자 자신의 신랑감을 스스로 고를 수 없다니 너무하다고 불만을 터뜨렸다. 그러자 라이샌더는 이렇게 말하며 위로한다. 사랑은 "소리처럼 한 순간에, 그림자처럼 재빠르고, 꿈만 같아 덧없고, 어두운 밤의 번개처럼 짧아"라고 말하자 허미아는 이렇게 대답한다.

진정한 사랑이 항상 방해받는다면
그것이 숙명이라는 것일 거야.
그렇다면 우리의 시련에게 인내를 가르쳐주자.
그도 그럴 것이 사랑에는 방해가 따르게 마련이야.
마음과, 꿈과, 한숨과, 소원과, 눈물이,
가련한 사랑의 동반자처럼.

『로미오와 줄리엣』 제2막 제2장에서도 사랑은 "마치 '빛났다'고 말할 사이도 없이 사라져버리는 번개"로 비유한다. 사랑도 인생도 덧없다. 그리고 방해받을수록 불타는 법이다.

무엇인가 힘든 일이 있으면 "진정한 여정은 결코 평탄하지 않아"라고 스스로를 위로하자.

007

당신이 가여워요.
그것이 사랑의 첫걸음이군요.

_『십이야』 제3막 제1장

I pity you.
That's a degree to love.
Twelfth Night, Act 3 Scene 1

남장하고 세자리오라고 자칭하는 미인 바이올라를 남자로 오인해 반해버린 올리비아 공주는 어떻게든 자신의 사랑을 호소하려고 필사적이었다.

"저를 어떻게 생각하시나요?"라고 묻자 바이올라는 (여자인 이상 그 사랑에 보답할 수 없기에) "불쌍하다고 생각해요"라고 대답한다. 그러자 올리비아 공주는 "연민은 사랑의 첫 단계"라고 답한다.

나쓰메 소세키의 작품『산시로』에서 산시로의 동급생 요지로가 'Pity is akin to love'를 '가엾구나, 반했다는 것이지'라고 번역해 히로타 선생에게 "아니 틀렸어, 상스럽기 그지없군" 하고 혹평을 받는다. 'Pity is akin to love'라는 표현은 토머스 서던의 희곡『오루노코』(Oroonoko, 1696년)에서 나오는데, 원래 셰익스피어의 이 대사를 바꾼 것이다.

"숨겨도 숨길 수 없는 연심. 감춰도 바로 드러나네. 세자리오, 봄의 장미를 걸고, 처녀의 지조, 진심 그 외 모든 것을 전부 걸고, 당신을 사랑해요."

나쓰메 소세키는 'I love you'를 '달이 아름답네요'라고 옮겼다. 그러한 그가 본다면 올리비아 공주의 이런 고백 대사는 너무 노골적이어서 분위기도 뭐도 없다고 할 것이다.

008

사랑에 빠진 사람은 미친 사람처럼
머리가 와글거리고
냉정한 이성으로는 이해하기 어려운
있지도 않은 것을 상상한다.
미치광이, 연인, 그리고 시인은
모두 상상력 덩어리다.

_『한여름 밤의 꿈』 제5막 제1장

Lovers and madmen have such seething brains,
Such shaping fantasies, that apprehend
More than cool reason ever comprehends.
The lunatic, the lover, and the poet
Are of imagination all compact.
A Midsummer Night's Dream, Act 5 Scene 1

테세우스 공작의 대사인데, 셰익스피어의 생각이라고 해도 무방하다.

이 대사 다음에, 사랑하는 자는 악마가 보이는 미치광이만큼 미쳤고, 아름답지도 않은 여자를 아름답다고 생각한다라고 이어진다. 동시에 시인은 황홀한 영감을 얻어 강한 상상력이 떠올린 것에 붓으로 형태를 부여한다고도 말한다.

상상력으로 세계를 만들어낸다는 점에서 시인(극작가도 포함)은 있지도 않은 세상을 보는 미치광이나 연인과 같으며, 살아가는 데 가장 중요한 것은 사물에 의미와 가치를 부여하는 상상력(이미지를 그리는 힘)이라는 것이다.

무엇인가를 인식할 때, 마음에 그 판타즈마를 형성해 인식하는(79, 207쪽) 이상, 연인들이 아테네의 숲속에서 '경험한' 불가사의한 일은 테세우스처럼 "사실 같지 않아"라고 부정할 수 없고, 히폴리타가 말하듯이 "단순한 몽환 같지 않고, 제대로 이치에 맞는 현실이야"라고 인정할 수밖에 없다.

묘하게 생생한 꿈을 꾸고 정말 경험한 것처럼 느껴질 때 꿈인지 생시인지 헷갈릴 때가 있다. 연극 체험도 곧 그와 같아 허구임에도 마음이 동하면 그것은 '경험'이 된다.

009

사랑은 맹목적이야. 사랑에 빠진 사람에게는 자신이 하는 바보 같은 행동이 보이지 않을 테지.

_『베니스의 상인』 제2막 제5장

Love is blind and lovers cannot see
The pretty follies that themselves commit.
The Merchant of Venice, Act 2 Scene 5

샤일록의 딸 제시카가 연인 로렌조와 사랑의 도피를 위해 남장을 하고 아버지의 집에서 빠져나오면서 하는 대사다. 셰익스피어보다 이전에 초서가 『캔터베리 이야기』에서 '사랑은 맹목적이다'라고 썼는데, 사람들 입에 오르내린 것은 셰익스피어에 의한 것이다. 『베로나의 두 신사』 제2막 제1장과 『헨리 5세』 제5막 제2장에서도 나온다.

여기서 '사랑'은 근본적으로 사랑의 천사 큐피드를 가리킨다. 사랑의 여신 아프로디테의 아들인 큐피드는 눈을 가린 채 사랑의 화살을 쏘는 장난꾸러기다. 그 화살을 맞으면 사랑에 빠진다는 전설이 전해진다. 큐피드는 눈이 보이지 않는다는 데서 사랑하는 사람은 눈이 보이지 않는다(판단력이 없다)는 발상으로 이어졌다.

『한여름 밤의 꿈』 제1막 제1장에서는 헬레나가 "사랑은 눈으로 보지 않고 마음으로 보는 거야, 그래서 큐피드는 눈을 가린 모습으로 그려지는 거야"라고 이야기한다.

사랑은 인간이 할 수 있는 최고로 근사한 바보짓이다. 실패하지 않도록 똑똑하게 살려고 하면 사랑이라는 어리석은 짓에 한 발짝을 내디딜 수 없다. 인생은 한 번뿐이니 진지하고 재미없는 삶을 살지 않도록 사랑을 하자.

010

이 세상에 태어나는 아이의 수를 줄여서는 안 돼. 독신을 관철하고 죽겠다고 말한 것은 설마 결혼할 때까지 살아 있으리라고 생각하지 못했기 때문이야.

_『헛소동』 제2막 제3장

The world must be peopled.
When I said I would die a bachelor,
I did not think I should live till I were married.
Much Ado about Nothing, Act 2 Scene 3

독신주의자였던 베네디크는 친구가 놓은 덫에 걸려 베아트리체를 사랑하게 되고 결혼을 결심하며 이렇게 말한다.

하지만 '서둘러 결혼하고, 천천히 후회하라'라는 말을 듣던 시절이라 베네디크는 거절한다. "아내에게 배신당하고, 남편만 몰랐다고 바보 취급당하는 건 사양하겠어요. 한 여성을 의심해서 여성 전체를 부당하게 다루고 싶지 않아요. 그러니 여자 따위 믿지 않는 편이 저를 위한 일입니다. 요컨대 결혼하지 않는 편이 좋아요. 나를 위해서고, 차림새에 돈을 들일 수도 있으니까요. 저는 평생 독신으로 살겠습니다."

그럼에도 자신이 베아트리체에게 반했다는 생각이 들자 결국 결혼을 결심한다.

"구혼과 결혼과 후회는 스코틀랜드의 지그 춤, 당당한 춤, 그리고 갤리어드 춤과 같아. 구혼은 정열적이고 분주하게 뛰어 돌아다니는 것이 스코틀랜드의 지그 춤과 똑같아. 발이 땅에 붙어 있지를 않아. 결혼은 당당하고 관례에 따른 훌륭한 춤이지. 다음으로 후회가 찾아와서 다리를 다치고 추는 게 갤리어드 춤이야. '이럴 생각이 아니었는데' 하고 허둥지둥하다가 제 무덤을 팠다는 걸 깨달았을 때는 허무하게 무덤 속이지."

베아트리체도 결혼하면 후회할 듯한 말을 하더니 결혼한다. 결혼 따윈 하지 않겠다던 사람이 역시 결혼할 때 쓸 수 있는 대사다.

011

사랑이란 무엇인가? 그것은 지금밖에 없다.
지금 기쁘기에 지금 웃는다.
오지 않은 일은 알 수 없다.

_『십이야』 제2막 제3장

What is love? 'Tis not hereafter.
Present mirth has present laughter.
What's to come is still unsure.
Twelfth Night, Act 2 Scene 3

술을 좋아하는 기사 토비 벨치 경은 머리가 나쁜 기사 앤드루 에이규치크 경을 상대로 밤에는 술판을 벌이며 즐기고, 어릿광대 페스테에게 사랑의 노래를 부르게 한다. 노래는 이렇게 이어진다. "꾸물거리면 안 돼. 키스해줘, 아가씨여. 젊음은 덧없네."

'목숨은 짧으니 사랑하라, 아가씨여'라는 표현은 예로부터 있었다. 인간은 '지금을 즐길' 수밖에 없다는 것은 아주 오래전부터 해온 말이며, 앞서도 언급했듯이 라틴어에도 '카르페 디엠'이라는 격언이 있다.

인생은 기니 서두를 필요가 없다고 생각하면 눈 깜짝할 사이에 '지금'은 '옛날'이 된다. 사랑을 한다면 '지금이죠'인 셈이다.

"애초에 무에서 태어난 유다! 쓸데없는 일로 근심에 잠기고, 장난에 진지해져. 사랑이라고 부르면 듣기는 좋지만, 그 속은 질척거려! 마치 납으로 된 날개, 빛나는 연기, 차가운 불꽃, 병든 건강, 각성한 잠, 쉬지 않는 휴식 같아!"

로미오에 따르면 사랑은 이처럼 옥시모론이 된다(181쪽).

오시노 공작은 제2막 제4장에서 자신을 시동으로서 모시던 남장한 바이올라에게 말한다. "여자는 말하자면 장미꽃, 아름답지만 덧없는 목숨. 지기 시작하지, 핀 다음에."

다만, 현재는 약이라든가 화장품 등이 다양하게 발달한 덕분에 좀처럼 지지 않는 시대가 되었지만 말이다.

012

그대를 여름날로 비할 수 있을까?
그대는 더 멋지고 더 온화하다.

_「소네트 18번」

Shall I compare thee to a summer's day?
Thou art more lovely and more temperate.
Sonnet 18

셰익스피어는 설령 극을 한 편도 쓰지 않았더라도 시인으로서 영문학 역사에 이름을 남겼을 것이다. 그 최대의 시집이 154편의 소네트를 모은『셰익스피어 소네트』(1509년 출판)이다. 그중에서도 이 소네트 18번이 가장 유명하다. 소네트는 14행시라고도 한다. 나머지 열두 줄은 이렇게 이어진다.

5월의 가련한 꽃봉오리는 강풍에 흔들리고 / 여름의 목숨은 너무 짧다.
하늘의 뜨겁게 내리쬐는 여름 태양은 때로 너무 뜨겁고 / 그 황금빛 얼굴도 때로 흐려진다.
아름다운 것은 모두 우연히 / 혹은 자연의 흐름을 따라 스러진다.
하지만 그대의 영원한 여름은 바래지 않는다. / 그대의 아름다움이 사라지는 일은 없다.
사신이 그대를 자신의 것이라 말하게 두지 않겠다.
영원한 시 속에서 그대는 시간과 이어질 테니.
사람이 숨 쉬고 눈이 사물을 보는 한 / 이 시는 살아 그대에게 생명을 계속 줄 것이다.

시인의 펜이 사랑하는 사람의 아름다움을 시에 새김으로써 영원한 것으로 만든다는 발상이다. 놀라운 것은 여기서 '그대'라고 불리는 것이 남성이라는 사실이다.

셰익스피어가 쓴 이 너무나 멋진 사랑의 시구가 남성에게 바쳐졌다니!

그렇다, 정말로 겉모습만으로는 아무것도 판단할 수 없는 것이다.

The plot of Shakespeare's all work

셰익스피어
모든 작품 줄거리

추정 집필 연도순

Inspiring Shakespeare Quotes

추정 집필 연도	『헨리 6세』 제1부
1589~ 1592년	*Henry VI, Part 1*

1422년에 명군 헨리 5세가 죽자 아직 어려서 충분히 나라를 다스릴 수 없던 헨리 6세 주변에서 숙부들의 대립이 심해졌다. 왕의 숙부이자 섭정을 맡은 글로스터 공작은 왕의 대숙부 윈체스터 주교(후에 추기경) 헨리 보퍼트와 다툰다. 귀족 간 대립이 격심해지고, 잉글랜드는 프랑스에 대한 지배력도 잃어간다. 백년전쟁 중이던 1428년, 16세의 소녀 잔 다르크가 일어나 프랑스의 샤를 왕세자(후에 샤를 7세)를 지지하며 프랑스군은 잉글랜드군을 격파해간다.

한편, 런던의 템플 법학원의 정원에서는 리처드 플랜태저넷(요크 공작)이 자신을 지지하는 자는 백장미를 꺾도록 요구한다. 랭커스터가(현 국왕의 가계)를 지지하는 서머셋 공작 등은 붉은 장미를 선택하여 격심하게 대립한다. 요크 공작과 서머셋 공작이 반목하는 여파로 톨보트 장군은 보르도에서 고립무원이 되어 전사한다. 프랑스 섭정이 된 요크 공작은 프랑스군을 격퇴하고 잔 다르크를 화형에 처하여 세력을 확장한다. 하지만 붉은 장미파의 서퍽 백작 윌리엄 드 라 폴은 왕을 앙주 공작 르네의 딸 마거릿과 약혼시켜(1444년) 은밀하게 왕국의 지배를 노리고 있었다.

추정 집필 연도

1590~1591년

『헨리 6세』 제2부

Henry VI, Part 2

1445년에 프랑스에서 온 마거릿은 헨리 6세의 왕비가 된다. 이 결혼에 힘쓴 서퍽 백작은 공작으로 서위되어 오만한 왕비, 추기경 보퍼트 등과 음모를 꾸민다. 왕의 숙부인 섭정 글로스터 공작 험프리의 아내 엘리노어를 반역자로 붙잡고, 선량한 섭정도 암살한다. 슬퍼한 왕은 서퍽 공작을 내쫓고 서퍽과 왕비는 탄식하며 헤어진다. 추기경은 병으로 고생하다 비참하게 죽고, 서퍽 공작도 비명의 죽음을 맞는다.

한편 요크 공작 리처드 플랜태저넷(에드워드 3세 셋째 아들의 고손자)은 넷째 손주인 현 국왕 헨리 6세보다 자신의 왕위 계승권이 우위임을 주장한다. 요크 공작은 주어진 군을 이끌고 반란 진압을 위해 아일랜드로 파견을 가게 되어 기회가 왔다고 생각한다. 그는 잭 케이드에게 폭동을 일으키게 하고, 그 틈을 노려 역적 서머셋 공작의 처벌을 명목으로 아일랜드에서 거병하는데, 이에 장미전쟁(1455~1485년)이 시작된다. 솔즈베리 백작과 워릭 백작도 요크 공작의 편에 서서 요크 공작 측이 우세해진다. 케이드의 난은 버킹엄 공작에게 진압되지만, 1455년 세인트올번스 전투(장미전쟁의 첫 전투)에서 서머셋 공작은 죽임을 당한다. 왕과 왕비는 런던으로 도망치고, 요크군은 왕을 쫓아 런던으로 진격한다.

추정 집필 연도
1590~1592년

『헨리 6세』 제3부

Henry VI, Part 3

궁지에 빠진 헨리 6세가 요크 공작에게 자신의 사후에 왕위를 물려주겠다는 약속을 하는 바람에 마거릿 왕비는 아들을 폐적할 것이냐며 격노한다. 결국 왕비는 스스로 군사를 일으켜 웨이크필드 전투(1460년)에서 승리하여 요크 공작의 아들 러틀랜드 백작을 죽이고, 요크 공작에게 종이 왕관을 씌워 실컷 희롱하고 죽인다.

그러나 형세가 바뀌어 1471년에 요크 공작의 장남 에드워드가 에드워드 4세로 왕위에 오른다. 킹 메이커로 불리는 워릭 백작이 에드워드와 프랑스 왕 루이의 여동생과의 혼담을 진행하고 있었는데, 에드워드가 제멋대로 그레이 부인 엘리자베스와 결혼한다. 망신당한 워릭 백작은 서머셋 공작과 에드워드의 동생 클래런스와 함께 랭커스터 편으로 돌아선다. 그러곤 잡혀 있던 헨리 왕을 구출하여 다시 헨리 6세를 왕좌에 앉힌다.

그렇지만 그 이후의 싸움 끝에 헨리 6세는 잡히고, 클래런스는 형의 품으로 돌아가고, 워릭은 목숨을 잃는다. 이윽고 마거릿 등도 붙잡히고 그 아들 또한 참살당한다. 런던 탑에 유폐되어 있던 헨리의 숨통을 끊은 사람은 에드워드의 동생 글로스터 공작 리처드(후에 리처드 3세)였다.

추정 집필 연도

1589~1595년

『에드워드 3세』

Edward III

에드워드 3세(재위 1327~1377년)는 가터훈장을 창설한 기사도 정신이 넘치는 왕이다. 그 왕이 하필이면 솔즈베리 백작 부인에게 잘못된 사랑을 하는 제2막에는 셰익스피어다운 필치가 있다. 『에드워드 3세』는 셰익스피어가 다른 극작가와 공동 집필한 것으로 알려진 작품이다. 왕은 백작 부인의 아버지 워릭 백작에게까지 명령해 부인에게 복종을 강요하려 하지만, 그녀의 의연한 태도에 비로소 분별을 되찾고 사죄한다.

무대는 장미전쟁으로 나라가 분열되기 전의 강대국 잉글랜드를 상징하는 에드워드 3세가 프랑스에서의 왕위 계승권을 주장하며 거국적으로 프랑스와 싸우는 백년전쟁 시대다. 블랙 프린스(흑태자)라는 별명을 가진 왕자 네드, 즉 장남 에드워드 플랜태저넷은 첫 출전에서 단독으로 적지에 뛰어들어 맹활약하고 크레시 전투(1346년)와 푸아티에 전투(1356년)에서 승리한다. 한편 프랑스의 샤를 왕자의 절친한 친구인 귀족 빌리에가 적인 솔즈베리 백작과 기사도에 따른 약속을 나눈다. 이를 지킨 샤를 왕자가 사로잡힌 솔즈베리 백작을 무사히 칼레까지 통과시켜주었다는 등의 미담도 있다. 마지막으로 스코틀랜드의 왕도 프랑스의 샤를 왕자도 사로잡혀 잉글랜드의 승리로 대단원을 이루는 국위선양극이다.

추정 집필 연도
1592~1593년

『리처드 3세』

Richard III

요크가와 랭커스터가의 왕권 다툼이 간신히 수습되어 요크가의 에드워드 4세가 다스리는 천하 태평한 세상이 찾아왔다. 왕의 동생 글로스터 공작 리처드는 그런 평화의 시대에 악당 선언을 하고, 차례차례 악행을 저지른다. 먼저 형 클래런스 공작 조지에게 엉뚱한 혐의를 걸어 런던 탑으로 보내고, 헨리 6세의 아들 에드워드의 미망인 앤을 꼬드겨 아내로 삼는다. 형인 왕이 병사하자, 왕비의 동생 리버스 백작과 의붓아들 그레이 경을 폰트프랙트 성에서 처형하고, 어린 에드워드 5세와 그의 동생 요크 공작을 런던 탑에 유폐한다. 그리고 아군이었던 헤이스팅스 경을 리처드를 암살하려 했다는 혐의를 날조해 체포하여 즉시 처형한다. 게다가 버킹엄 공작, 케이츠비 경과 모의해서 런던 시장과 시민들을 상대로 도박을 하여 마침내 왕위에 오른다. 이어 에드워드 5세와 그의 어린 동생을 암살한다. 자신의 아내 앤도 죽이고, 이번에는 전 왕인 형의 어린 딸 엘리자베스를 두 번째 아내로 삼는다. 이윽고 리치몬드 백작 헨리(후에 헨리 7세)가 마음을 바꾼 버킹엄 공작을 아군으로 삼아 리처드를 공격하고, 보스워스 전투에서 마침내 그를 쓰러뜨린다. 헨리 7세가 요크가 에드워드 4세의 딸 엘리자베스와 결혼함으로써 랭커스터가와 요크가가 맺어져 장미전쟁이 종결된다. 이렇게 튜더 왕조가 시작된다.

추정 집필 연도

1592~1593년

『토머스 모어 경』

Sir Thomas More

헨리 8세가 대법관으로 임명한 토머스 모어(1478~1535년)는 유머와 지혜가 넘치고 인덕이 있는 인물이었으며, 『유토피아』 등의 저술로도 알려진 인문주의자였다.

서두에서 외국인을 우대하는 법률 때문에 부당한 일을 당하던 런던 시민들이 폭동을 일으키지만, 모어의 설득으로 난동은 가라앉는다. 그리고 서민을 심판하는 재판에서는 기지를 발휘해서 자비를 베푼다.

모어는 대법관으로 승진하는데, 왕의 명령서에 서명하라는 요구를 거절하여 체포되고 런던 탑으로 보내진다. 극 중에서는 명령서의 내용이 밝혀지지 않는데, 국왕 헨리 8세가 이혼을 허락하지 않는 로마 교황에게서 벗어나 영국 국교회를 잉글랜드의 종교로 규정하려는 데, 독실한 가톨릭교도이자 정의에 몸을 바치는 충신이었던 모어는 국왕의 판단을 끝내 인정하지 않았던 것이다. 왕과 앤 불린의 사이에서 태어난 자식(후에 엘리자베스 1세)을 정통으로 인정하지 않았던 모어는 로마 교황의 주권을 부인하고 영국 국왕을 국교 주권자로 임하는 1534년의 '수장령'을 어긴 죄목으로 런던 탑에 유폐되어 가족과 작별을 고하고 처형대의 이슬로 사라지면서 연극은 끝난다.

추정 집필 연도
1592~1594년

『타이터스 앤드로니커스』

Titus Andronicus

무대는 고대 로마. 고트족을 처벌하고 개선한 장군 타이터스 앤드로니커스는 포로로 잡은 여왕 타모라의 탄원을 무시하고 그녀의 아들 알라버스를 제물로 바친다. 새로이 로마 황제 자리에 앉은 새터나이어스는 타이터스의 딸 라비니아를 황후로 맞이하려 하지만, 그녀는 신 황제의 동생 바시아너스의 약혼자인 데다 타이터스의 아들들도 이 혼담을 반대했다. 발끈한 타이터스는 자신의 막내아들 마셔스를 베어버린다. 이를 계기로 신 황제는 타이터스와 적대하며 타모라를 황후로 삼겠다고 고한다.

이로부터 타모라의 복수가 시작된다. 타모라의 아들 두 명은 라비니아를 강간하고, 양손을 자르고 혀를 뽑아 보기에도 무참한 모습으로 만들고, 그녀의 남편 바시아너스도 살해한다. 타이터스는 아들이 살해당하자 자신의 손을 자르며 복수를 맹세한다. 마침내 주방장 차림으로 나타난 타이터스는 타모라의 아들들의 피와 뼈로 반죽한 파이를 황제와 타모라에게 먹인 다음 그녀를 죽인다. 타이터스도 황제도 죽고, 타이터스의 장남 루시우스가 신 황제가 된다. 최후에 모든 악의 배후 조종자였던 아론이 타모라에게 낳게 한 피부가 검은 아기의 목숨은 건지게 된다.

추정 집필 연도

1590년경

『베로나의 두 신사』

The Two Gentlemen of Verona

베로나의 신사 밸런타인의 절친한 친구 프로테우스(변화무쌍한 모습을 가진 바다의 신 프로테우스에서 따와 '변하기 쉬운 자'라는 의미)는 줄리아라는 연인이 있으면서도 절친한 친구 밸런타인의 연인 실비아를 사랑하여 친구가 사랑의 도피 계획을 세우자 실비아의 아버지 밀라노 대공에게 고자질한다. 이로 인해 밸런타인은 대공에게 추방당한다. 실비아는 추방당한 애인의 뒤를 쫓고, 프로테우스도 그 뒤를 쫓는다. 줄리아는 시종으로 남장하고 스스로 서배스천이라 칭하며 프로테우스를 따라가는데, 그가 변심한 사실을 알고 놀란다.

추방당한 밸런타인은 산적의 우두머리가 된다. 실비아가 숲에서 산적에게 습격당해 위험할 뻔한 순간 프로테우스는 그녀를 구한다. 하지만 이번에는 그에게 겁탈당할 위기에 처하고, 뛰쳐나온 밸런타인이 이를 저지한다. 프로테우스가 사죄하자 밸런타인은 이를 받아들이고 절친한 친구의 증표를 실비아에게 주자고 한다. 그 말을 듣던 시종(사실은 줄리아)이 실신한다. 시종의 정체를 알게 된 프로테우스는 줄리아에 대한 사랑을 깨닫는다. 마지막으로 공작이 딸의 약혼자로 생각하던 부유하고 어리석은 청년 수리오가 구혼을 취소하고, 공작은 딸 실비아와 밸런타인의 결혼을 인정하며 대단원을 이룬다.

추정 집필 연도

1590~1594년

『말괄량이 길들이기』

The Taming of the Shrew

서막에서는 농담을 좋아하는 영주가 술에 취해 잠든 땜장이 슬라이를 성으로 옮기고 임금님 취급을 한다. '임금님'에게 보여주는 연극이 『말괄량이 길들이기』라는 설정이다.

이탈리아 파도바의 부호 밥티스타의 아름다운 딸 비앙카에게는 구혼자가 줄을 섰는데, 그녀의 아버지는 첫째 딸 카타리나(애칭 케이트)의 결혼이 우선이라고 한다. 하지만 첫째 딸은 악명 높은 말괄량이였다. 그때 베로나의 신사 페트루치오가 등장하여 재산을 노리고 카타리나의 대답도 듣지 않은 채 결혼을 결정하고 결혼 날짜까지 잡아버린다. 당일 기묘한 차림으로 나타난 신랑은 신부를 유괴하듯이 데려간다. 하인에게는 마구 호통치고, 신부에게는 음식을 주지 않고 잠도 못 자게 하며 '말괄량이 길들이기 작전'이 시작된다.

한편 청년 루첸티오는 하인 트라니오와 신분을 바꿔 비앙카에게 다가가 그녀의 사랑을 쟁취하고 교회에서 몰래 식을 올린다. 비앙카에게 구혼하던 호텐쇼는 그녀를 포기하고 미망인과 결혼한다. 마지막에 세 쌍의 부부가 연회를 열고 누구의 아내가 가장 순종적인지 내기를 한다. 카타리나만이 남편의 호출에 순순히 응하고 남편의 명령에 따라 비앙카와 미망인에게 아내의 의무란 무엇인지 설명하니 일동은 몹시 놀란다.

추정 집필 연도

1592~1594년

『실수 연발』

The Comedy of Errors

시러큐스에서 온 청년 안티폴러스는 어릴 적에 어머니와 쌍둥이 형과 생이별했다. 그 둘을 찾아 떠난 안티폴러스는 하인 드로미오와 함께 적국 에페서스에 온다. 그곳에는 똑같이 생긴 쌍둥이의 다른 한 명, 즉 또 다른 안티폴러스가 훌륭한 신사로 살고 있었고, 그에게도 역시 하인 드로미오가 있었다. 안티폴러스의 아내 아드리아나는 남편이 바람을 피우는 것이 아닌가 하고 질투에 휩싸여 있었는데, 쌍둥이 동생을 남편으로 착각하고 집에 데려오고, 그의 이상한 행동을 보고 더욱 의심하게 된다. 심지어 동생 안티폴러스는 처제 루시아나에게 반해버리고, 그 사실을 안 아내는 격노한다.

금 세공사 안젤로는 목걸이를 안티폴러스에게 넘겼는데 건네주지 않았다는 (또 다른) 안티폴러스의 말에 그를 체포하려 한다. 다른 마을 사람들도 오해를 거듭하고, 주인과 하인도 서로 잘못 알아보며 대혼란을 빚고, 상황이 극에 달하려 할 때 두 쌍둥이가 마침내 대면하여 오해가 풀린다. 게다가 봉변을 당한 에페서스의 안티폴러스와 그의 하인을 보호한 수녀원 주인이야말로 그토록 찾던 어머니 에밀리아였던 사실이 판명되고, 사형당할 뻔했던 아버지 이지언도 풀려나 일가족이 재회하며 대단원을 이룬다.

추정 집필 연도
1594~1595년

『사랑의 헛수고』

Love's Labour's Lost

나바라의 젊은 왕 페르디난드는 세 명의 귀족 비론, 롱거빌, 듀메인과 함께 학문을 닦고자 3년간 여인과 만나지 않기로 맹세한다. 그런데 프랑스 공주와 그 세 명의 시녀가 오자마자 네 사람 모두 사랑에 빠지고 만다. 듀메인이 캐서린에게 쓴 연서를 읽는 걸 몰래 듣고 있던 롱거빌은 마리아에게 반하고, 그의 연서를 숨어 듣던 왕도 공주에게 연서를 쓴다. 모든 것을 훔쳐본 비론이 그들을 비웃자, 시골 청년 커스터드가 찾아와 비론이 로잘라인에게 쓴 연서를 폭로한다.

네 사람은 맹세를 깨고 여성들에게 구애하러 가기로 한다. 러시아인으로 변장하고 접근하려는데, 이 취향을 알던 프랑스 귀족 보이엣이 공주들에게 고자질해 의표를 찔린다. 비론과 로잘라인의 재치 넘치는 연애 게임도 볼거리 중 하나다. 목사 너대니얼과 교사 홀로페르네스 등이 고안한 연극을 일동이 즐기는 중에 프랑스 왕의 부고 소식이 날아들었고, 상을 치르기 위해 구애는 보류된다. 결혼하는 것은 시골 처녀 자퀴네타를 임신시킨, 익살스러운 기사 아마도뿐이다. 마지막으로 올빼미(겨울)와 뻐꾸기(여름)가 부르는 인생 노래가 잔잔하게 퍼지며 끝난다.

추정 집필 연도

1594~1596년

『로미오와 줄리엣』

Romeo and Juliet

베로나의 서로 적대하는 두 명문가, 몬태규 가문과 캐풀렛 가문에는 각각 외아들 로미오와 외동딸 줄리엣이 있었다. 어느 일요일 밤, 적대 관계인 캐풀렛가의 야회에 숨어 들어간 로미오는 그 가문의 외동딸 줄리엣과 사랑에 빠진다. 로미오는 발코니에 멈춰 선 줄리엣과 사랑을 함께 이야기하고, 결혼을 약속한다. 월요일이 되어 로런스 신부는 두 집안의 불화가 해소되기를 기대하며 두 사람을 몰래 결혼시킨다. 그런데 캐풀렛 가문의 청년 티볼트가 로미오의 절친한 친구인 머큐쇼를 죽인다. 당황한 로미오는 티볼트를 찔러 죽이고 추방 명령을 받고 만다. 비탄에 잠기면서도 그날 밤 로미오는 줄리엣과 부부로서 인연을 맺고 다음 날(화요일) 아침 일찍 홀로 만토바로 떠난다.

한편 줄리엣은 아버지가 패리스 백작과의 결혼을 명하자 절망하여 그날 밤 신부에게 받은 42시간 동안 가사 상태가 되는 약을 먹어 결혼을 피하려 한다. 수요일 새벽에 줄리엣의 '시신'이 발견되고, 납골당으로 옮겨진다. 로미오는 신부의 편지를 받지 못하고 목요일 밤에 줄리엣이 잠들어 있는 납골당으로 달려가 독을 마시고 자살한다. 깨어난 줄리엣은 그를 뒤쫓아 그의 검으로 자살한다. 금요일 아침이 오고, 양가는 화해한다.

추정 집필 연도

1595년

『리처드 2세』

Richard II

에드워드 3세의 손자로 흑태자 에드워드의 적자인 리처드 2세(재위 1377~1399년)는 정치 능력이 없어서 나라의 재정이 파탄 난다. 에드워드 3세의 넷째 아들인 헨리 볼링브로크는 노퍽 공작 토머스 모브레이를 숙부 글로스터 공작 토머스 암살에 연루했다며 고발한다. 두 사람은 결투로 결판을 내려고 하지만 왕은 갑자기 결투를 중지시키고 두 사람에게 추방을 명한다. 그리고 왕의 숙부인 랭커스터 공작 곤트의 존이 죽자 랭커스터 영지를 몰수해 아일랜드 원정 비용으로 충당한다. 이에 추방당했던 볼링브로크가 빼앗긴 영지를 탈환하기 위해 군대를 이끌고 귀국한다. 섭정이었던 숙부 요크 공작은 볼링브로크를 비난하지만, 국왕에게 불만을 품은 우스터 백작 토머스 퍼시와 그의 형 노섬벌랜드 백작, 그의 아들 헨리 퍼시 등이 주축이 되어 볼링브로크를 영입하면서 반대 세력은 막강해진다. 리처드는 압도적인 반대 세력에 밀려 왕좌를 양보할 수밖에 없게 된다. 볼링브로크는 헨리 4세로 즉위하고, 리처드는 아내 이사벨과 생이별하여 유폐된 후 폰트프랙트 성의 감옥에서 암살당하고 만다.

추정 집필 연도
1590 또는 1595년

『존 왕』

King John

사자왕 리처드 1세가 세상을 뜬 후, 그의 동생 존이 잉글랜드의 왕(일명 결지왕, 재위 1199~1216년)이 된다. 그런데 왕위에 오를 사람은 존의 형 제프리의 아들 아서라고 주장하며, 아서의 어머니 콘스탄스가 프랑스의 왕 필립과 손잡고 왕위를 요구하며 군사를 일으킨다.

존 왕은 사자왕의 사생아 필립을 거느리고 출진한다. 앙제 시민의 제안에 따라 존 왕의 조카딸이자 스페인의 공주 블랑슈와 프랑스의 왕세자 루이의 결혼으로 화친이 이루어진다. 그러나 로마 교황의 대사인 추기경 팬덜프가 로마에 반항적인 존 왕을 파문하고 화친은 깨진다. 다시 전쟁이 시작되어 존 왕은 앙제를 지배하고, 어린 아서를 포박한다. 왕에게 아서를 살해하라는 명령을 받은 휴버트는 차마 죽이지 못하고 죽었다고 거짓으로 보고하지만, 그 직후 도망치려던 아서는 성벽에서 뛰어내려 죽고 만다. 휴버트가 죽였다고 생각한 잉글랜드의 제후는 존 왕을 떠난다. 이후 사생아 필립이 잉글랜드군을 크게 고무하였지만, 존 왕은 수도사에게 독살된다. 잉글랜드는 프랑스와 화친을 맺고, 존 왕의 아들이 헨리 3세로 즉위한다.

추정 집필 연도
1595~1596년

『한여름 밤의 꿈』

A Midsummer Night's Dream

허미아의 아버지 이지우스는 딸에게 청년 디미트리우스와 결혼하라고 명하지만, 허미아는 라이샌더를 사랑하고 있었다. 디미트리우스에게는 연인 헬레나가 있었다. 아테네의 숲에 들어간 네 명의 연인을 원래 관계대로 되돌려놓으려고 한 것은 요정의 왕 오베론의 명을 받은 요정 퍽이었다. 사랑의 팬지즙을 자는 사람의 눈에 떨어뜨리면 눈을 뜨고 처음 본 사람에게 반하게 된다. 그런데 떨어뜨릴 상대를 틀리는 바람에 두 남자는 허미아를 버리고 헬레나에게 구애하면서 대소동이 일어난다. 숲에서는 우스꽝스러운 직조공 바텀과 그의 동료가 아테네 공작 테세우스와 아마존 여왕 히폴리타의 혼례에서 여흥으로 연극 '피라모스와 티스베'를 선보이려고 열심히 연습 중이었는데, 요정 퍽은 바텀을 당나귀로 바꾸어버린다. 게다가 요정의 여왕 티타니아와 한창 싸움 중이던 요정의 왕 오베론은 그녀에게 마법을 걸어 당나귀 머리를 한 바텀에게 반하게 만든다.

결국에 네 명의 연인에게 걸린 마법도, 티타니아에게 걸린 마법도 풀리고, 요정의 왕과 왕비는 화해한다. 아테네 공작 부부와 연인들의 결혼 피로연에서 바텀들이 여흥을 선보인 후 요정들의 기도와 함께 연극은 끝난다.

추정 집필 연도
1596~1598년

『베니스의 상인』

The Merchant of Venice

베니스(베네치아)의 상인 안토니오는 절친한 친구 바사니오가 벨몬트에 사는 부호의 딸 포샤에게 구애하러 갈 비용을 대고자 유대인 고리대금업자 샤일록에게 3,000두카토 옛날 유럽 대륙에서 사용된 금화와 은화를 빌리고, 기한까지 반환하지 못하면 몸에서 살을 1파운드 잘라내겠다는 증서에 도장을 찍는다.

포샤는 세상을 뜬 아버지의 유언에 따라 금, 은, 납 상자 세 개 중 올바른 상자를 고른 남자와 결혼하기로 되어 있었다. 모로코 대공은 금 상자에서 '빛나는 것이 모두 금은 아니다'라는 격언을 얻고, 아라곤 대공은 은 상자에서 '자신에게 어울리는 물건'으로서 바보의 그림을 얻는다. 바사니오는 상자를 고르는 데 성공하여 포샤를 얻고, 친구 그라시아노는 시녀 네리사와 결혼한다. 기쁨도 잠시, 배를 잃어 돈을 갚지 못한 안토니오가 고소당한다. 딸 제시카가 기독교인 청년 로렌조와 사랑의 도피를 하자, 기독교인을 원망하던 샤일록은 복수심에 증서대로 이행하도록 요구한다. 포샤는 네리사와 함께 남장하고 재판관과 서기로서 법정에 나타나 이 한 건을 훌륭히 재판한다. 승소한 바사니오와 그라시아노는 답례로 아내가 준 사랑의 반지를 재판관과 서기에게 주고 만다. 벨몬트로 돌아온 포샤 일행은 반지 일을 나무라지만, 사실 재판관과 서기는 자신들이었다고 밝힌다. 안토니오의 배도 돌아와 대단원을 이룬다.

추정 집필 연도

1596년

『헨리 4세』 제1부

Henry IV, Part 1

노섬벌랜드 백작가는 왕 헨리 4세(재위 1399~1413년)가 왕위에 오를 때 있는 힘을 다 했는데도 왕에게 냉대받고 있다는 불만을 품는다. 그중에서도 뜨거운 핫스퍼라는 별명을 가진 혈기 왕성한 젊은 해리 퍼시(노섬벌랜드 백작의 아들) 해리 퍼시는 헨리 퍼시의 통칭 는 웨일스전에서 포로로 잡힌 처남 마치 백작 에드먼드 모티머의 몸값을 내달라고 왕에게 요구하지만, 왕은 이를 거부한다. 에드워드 3세의 셋째 아들인 클래런스 공작 라이오넬의 피를 이어받은 모티머는 왕보다 왕위 계승권이 높은 자이기 때문이다. 그래서 핫스퍼는 모티머, 그의 장인인 웨일스의 무장 오와인 글린두르, 왕에게 반감을 가진 요크 대주교 등과 함께 반란을 꾀하고 군사를 일으킨다.

한편 유쾌한 거한 기사 폴스타프와 그의 동료들과 어울리던 할 왕자는 이윽고 반란군과의 개전 소식을 전해 듣자 무장으로서 눈부신 활약을 펼친다. 마지막에는 핫스퍼와 일대일로 대결하여 그를 무찌르고 그의 명예를 빼앗는다. 폴스타프는 전장에서 죽은 시늉을 하며 전쟁 공로를 세운 듯이 꾸며낸다. 승리한 왕은 우스터 백작 등 포로로 잡은 적의 주모자를 처형하도록 명한다.

추정 집필 연도

1597~1598년

『헨리 4세』 제2부

Henry IV, Part 2

여전히 런던의 선술집에서 타락한 생활을 하던 기사 폴스타프는 선술집 여주인 퀴클리에게 고소당해 고등법원장의 질책을 받는다. 폴스타프가 매춘부 돌 테어시트와 시시덕거리고, 피스톨과 싸우고, 급사로 변장한 할 왕자와 포인즈에게 놀림받는 등 희극적인 장면이 계속된다. 그러던 중 급박한 상황을 알리는 소식을 듣고 일동은 출전하게 된다. 폴스타프는 샬로 판사 밑에서 징병을 담당하면서 병역을 피하려는 자들에게 뇌물을 받아 모으고, 전쟁터에서는 싸우지 않고 우연히 투항한 적군의 훈작사를 붙잡아 공을 세운다.

할 왕자의 동생인 왕자 랭커스터 공작 존과 웨스트모어랜드 백작은 간계를 써서 요크 대주교 등 반란군의 조건을 들어주는 척하며 반란군의 주모자들을 체포해 처형함으로써 오랜 불화에 종지부를 찍는다. 병든 왕은 중태에 빠지고, 할 왕자는 아버지가 죽은 줄 착각하고 왕관을 자신의 머리에 이고 있다가 깨어난 왕에게 야단맞는다. 이윽고 왕은 타계하고, 왕자는 왕 헨리 5세로 즉위한다. 마침내 잉글랜드 법률이 자기 뜻대로 되리라 믿고 기뻐하며 용감하게 즉위식에 달려온 폴스타프에게 헨리 5세는 싸늘하게 "너 따위는 모르네, 노인이여"라고 단언하며 추방을 선언한다.

추정 집필 연도	『윈저의 즐거운 아낙네들』
1596~ 1598년	*The Merry Wives of Windsor*

술과 여자를 좋아하는 뚱뚱한 기사 존 폴스타프는 포드 부인과 페이지 부인에게 받는 사람 이름만 다르고 내용이 같은 연서를 써서 돈을 받아내려 하지만, 사이가 좋은 두 사람은 그 편지를 비교해 읽고는 격분하여 앙갚음한다.

아내가 구애받고 있다는 사실을 알고 질투한 포드는 변장을 하고 자신을 브룩이라 소개하며 폴스타프가 포드 부인에게 구애하도록 부탁한다. 불륜 현장을 잡으려는 것이다. 쾌활한 아낙네들은 포드를 속이고, 폴스타프를 빨래와 함께 강물에 던져넣거나, 여장을 시켜 포드에게 맞도록 하는 등 앙갚음을 즐긴다. 한편 페이지 부부의 사랑스러운 딸 앤을 연모하는 청년 슬렌더의 바보 같은 짓과 사투리가 심한 프랑스인 의사 키즈와 웨일스인 목사 에반스의 결투 등 주변 인물들의 이야기도 떠들썩하게 전개된다.

마지막에 마을 사람들은 부인들과 공모하여 기사를 숲으로 불러내 요정으로 분장한 아이들이 꼬집도록 한다. 그 와중에 페이지 부인은 딸 앤을 의사 키즈와 결혼시키려 하고, 페이지는 딸을 슬렌더와 결혼시키려 하는데, 앤은 연인 펜튼과 조용히 식을 올린다. 사람들이 두 사람의 행복을 축복하며 대단원을 이룬다.

추정 집필 연도
1598~1599년

『헛소동』

Much Ado about Nothing

아라곤 영주 돈 페드로가 이끄는 군대가 시칠리 섬으로 개선하고, 메시나의 지사 레오나토의 딸 히어로와 무인 클라우디오의 결혼이 결정된다. 히어로의 어기찬 사촌 언니 베아트리체는 쾌활한 무인 베네디크와 만나면 어김없이 독설전을 벌이는 사이다. 이 둘을 결혼시켜버리려고 일동은 소문을 핑계 삼아 '둘은 서로 짝사랑하는 중'이라고 본인들이 믿도록 만든다.

한편 돈 페드로의 이복동생인 돈 존은 히어로가 남자를 데리고 들어가는 현장을 꾸며내 형들이 목격하도록 한다. 오해한 클라우디오는 결혼식장에서 신부의 면전에서 힐책하고 떠난다. 히어로는 실신하고 수도사의 재치로 그녀가 죽었다고 공표된다. 화가 난 베아트리체가 베네디크에게 '클라우디오를 죽여달라'고 부탁하자 그는 클라우디오에게 결투를 제의한다. 하지만 바보 경관 도그베리와 마을 관리인 버지스가 이끄는 야경들이 돈 존의 수하인 보라치오와 콘라드를 체포하면서 진상이 밝혀진다. 후회한 클라우디오는 히어로의 무덤에 추도하는 노래를 올리고 그녀 대신 그녀의 사촌 여동생과의 결혼을 승낙한다. 결혼식에서 신부는 가면을 벗고 자신이 히어로임을 밝힌다. 그 기회에 베네디크와 베아트리체도 결혼하며 대단원을 이룬다.

추정 집필 연도

1599년

『헨리 5세』

Henry V

일찍이 방탕하기 이를 데 없던 할 왕자는 즉위하여 헨리 5세(재위 1413~1422년)가 되자 명군다운 면모를 발휘한다. 먼저 케임브리지 백작을 비롯한 세 귀족을 반역죄로 처형한 다음 자신은 프랑스 왕위에 오를 권리가 있다고 주장한다. 프랑스의 왕세자가 왕이 젊었을 때 놀기 좋아했던 사실을 야유하며 테니스공을 보내자 헨리는 공을 포탄으로 바꾸어 돌려보내겠다고 하며 숙부 엑서터 백작을 사절로 보내 프랑스 왕 샤를 6세에게 선전 포고를 한다. 그리고 그 말대로 하플러 공성전에서 승리하며 승승장구한다. 그 한편으로 군기를 다잡고, 폴스타프의 부고가 전해지는 가운데, 옛 동료인 바돌프 중위와 님 하사를 절도죄로 교수형에 처한다. 기수 피스톨은 기개 있는 웨일스인 대장 플루엘렌과의 싸움에 져서 부추를 먹는 처지가 된다.

왕은 '크리스핀의 연설'로 전군을 고무하고 적의 5분의 1 규모의 군을 이끌고 애진코트(아쟁쿠르) 전투에서 승리한다(1415년). 이윽고 프랑스군은 항복하고 프랑스 왕은 헨리가 영국과 프랑스 양국의 왕임을 인정한다. 헨리는 프랑스의 공주 캐서린에게 구애하여 왕비로 맞이하고, 영국과 프랑스 사이의 평화를 찾으며 대단원을 이룬다.

추정 집필 연도

1599년

『줄리어스 시저』

Julius Ceasar

로마 장군 줄리어스 시저(율리우스 카이사르)는 폼페이우스와의 싸움에서 승리하고 개선하여 로마 시민들의 열렬한 환영을 받는다. 시저가 공화제를 폐지하고 황제가 되려 한다고 위험시하던 카시우스와 카스카들은 시저가 총애하는 브루투스도 동료로 끌어들여 암살 계획을 세운다.

점술가가 "3월 15일을 조심하라"고 호소하지만 시저는 개의치 않는다. 그날 아내 칼푸르니아의 제지도 뿌리치고 광장에 나온 시저는 카스카 등 몇몇 공화주의자에게 살해당한다. 그 가운데 브루투스도 있어 시저는 "브루투스, 너마저?"를 외치며 숨이 끊어진다. 시저의 부하 마크 안토니는 시저의 시신을 앞에 두고 추모 연설을 하며 시민들을 부추겨서 폭동을 일으키게 한다. 안토니는 옥타비아누스 시저, 레피투스와 함께 세 명의 집정관이 되어 로마를 지배하고 브루투스들과 다툰다. 아내 포샤를 잃은 브루투스는 필리피 전투 전날 밤에 시저의 망령을 보고 싸움에 져 하인이 들고 있던 검에 몸을 던져 죽는다. 안토니는 브루투스야말로 가장 고결한 로마인이었다고 추모한다.

추정 집필 연도

1599년

『뜻대로 하세요』

As You Like It

고(故) 로랜드 드 보이스 경의 셋째 아들 올란드는 궁정에서 개최하는 레슬링 대회에 실력을 시험해보러 온다. 프레더릭 공작의 조카딸 로잘린드는 그를 보자 사랑에 빠지고, 그도 그녀에게 빠져든다. 형을 추방하고 공작 자리에 오른 프레더릭은 로잘린드가 있으면 딸 시리아가 못나 보인다는 이유로 그녀까지 쫓아낸다. 로잘린드는 남장을 하고 스스로 가니메데라고 칭하며 시리아와 어릿광대 터치스톤과 함께 아덴 숲으로 간다.

올란드는 형 올리버의 박해를 피해 노복 아담과 함께 아덴의 숲으로 가게 되고, 그곳에서 귀족들과 생활하는 전 공작의 도움을 받는다. 머지않아 그는 '가니메데'와 만나 '그'를 로잘린드에 비겨 사랑 게임을 시작한다. 어릿광대 터치스톤은 시골 처녀 오드리와 결혼한다. 이윽고 개심한 형 올리버가 나타나고 시리아에게 반한다. 여자 양치기 피비는 '가니메데'에게 반하고 마는데, '가니메데'와의 결혼을 포기한다면 피비에게 빠진 실비어스의 사랑을 받아들일 것을 약속하게 된다. 마침내 로잘린드가 여자 복장을 하고 등장하여 네 쌍의 결혼식을 치른다. 공작은 개심한 동생에게 공작령을 돌려받지만, 우울한 귀족 제이퀴즈는 축하 자리를 떠난다.

추정 집필 연도	『십이야』
1599~1600년	*Twelfth Night*

일리리아 공작 오시노는 올리비아 공주를 사랑하지만, 상중이던 공주는 구애를 거절한다. 한편 해난으로 생이별한 쌍둥이 남매 중 여동생 바이올라는 남장을 하고 '세자리오'라고 이름을 대고 공작을 섬긴다. '세자리오'는 몰래 공작을 연모하면서 공작을 위해 공주를 설득하러 나갔다가 오히려 공주에게 호감을 산다.

올리비아 공주의 숙부인 토비 벨치는 공주를 사랑하는 어리석은 신사인 앤드루 에이규치크의 돈으로 어릿광대와 함께 떠들어대다 고지식하고 거만한 집사 말볼리오에게 야단을 맞자 집사에게 복수하려고 마음먹는다. 시녀 마리아가 공주의 가짜 연서를 준비하자 집사는 감쪽같이 함정에 빠져 공주의 남편이 될 수 있다고 망상하며 편지에 지시된 대로 노란 양말과 십자 가터 차림으로 등장해 히죽히죽 웃는다. 올리비아 공주는 이를 기분 나쁘게 여기고, 토비들이 그를 미치광이라 여기며 유폐한다. 이윽고 쌍둥이 오빠 서배스천이 등장해 '세자리오'로 오해받고, 공주의 사랑을 받아들여 공주와 결혼한다. 마지막에 쌍둥이가 모두의 앞에서 만나며 모든 오해가 풀리고 공작은 바이올라와, 토비는 마리아와 맺어진다. 말볼리오는 속았다는 사실을 알고는 후회한다.

추정 집필 연도

1600년

『햄릿』

Hamlet

덴마크의 왕자 햄릿은 아버지 햄릿 왕이 죽고 곧바로 숙부 클로디어스가 어머니 거트루드와 결혼해 왕의 자리에 오르자 용서할 수 없다는 생각에 몸부림치며 괴로워한다.

어느 날 아버지의 망령이 나타나 숙부에게 살해당했다고 전한다. 복수를 맹세한 왕자가 광기를 부리는 척하며 망령에게 들은 왕을 죽이는 장면을 연극으로 만들어 왕에게 보여주자, 과연 왕은 당황해서 벌떡 일어서고, 이로써 왕자는 왕의 유죄를 확신한다. 하지만 어머니 방에 숨어 있던 왕의 심복 폴로니어스를 왕으로 오인해 죽인 왕자는 잉글랜드로 쫓겨난다.

한편 사랑하던 왕자에게 '수녀원으로 가라'는 말을 듣고, 아버지 폴로니어스를 살해당한 오필리아는 제정신을 잃는다. 오빠 레어티스는 분노하며 복수를 맹세하지만, 오필리아는 강에 빠져 죽는다. 왕의 간계를 피해 귀국한 왕자는 시체가 된 오필리아를 부둥켜안고 죽음을 받아들일 각오를 한다. 마지막 장면의 어전 시합에서 왕은 레어티스와 모의해 왕자에게 독배를 마시게 하려고 한다. 하지만 독배는 왕비가 마셔버리고, 왕자는 독이 발린 칼에 쓰러진다. 스스로 독이 묻은 칼로 상처를 낸 레어티스가 왕의 악행을 폭로하고, 왕자는 마침내 왕을 죽인다. 마지막에 노르웨이의 왕자 포틴브라스가 등장해 왕위를 주장하며 햄릿을 추모한다.

추정 집필 연도
1601~1602년

『트로일러스와 크레시다』

Troilus and Cressida

트로이의 왕자 파리스가 그리스의 고위 관리 메넬라오스의 아내 헬레네를 빼앗으면서 트로이 전쟁이 벌어졌다. 트로이의 목마에 잠복한 그리스군이 기습하면서 종지부를 찍는데, 이 작품은 전쟁 7년 차의 사건을 그린다.

파리스의 동생인 트로이 왕자 트로일러스는 처녀 크레시다의 숙부 판다로스의 소개로 그녀와 변함없는 사랑을 맹세하며 하룻밤을 함께 보낸다. 그리스 편에 있던 신관 칼카스가 딸 크레시다를 불러들이는 바람에 그녀는 그리스로 넘어가게 된다. 크레시다는 나중에 '불성실한 여자'의 대명사가 되는데, 이때 트로일러스에 대한 변함없는 사랑을 맹세했음에도 그리스로 건너간 그녀는 그리스의 무장 디오메데스에게 추파를 던진다. 임시 휴전 때 적진에 초대된 트로일러스는 그 모습을 목도하고 격노한다.

한편 아킬레우스는 아끼던 파트로클로스가 트로이군에게 살해당해 격분하고, 영웅 헥토르가 무장을 풀고 쉬는 틈에 고통스럽게 죽인다. 입이 험한 그리스군 병사 테르시테스가 욕설을 퍼붓고, 고대 서사시의 영웅들은 왜소화되고, 인간의 더러운 부분만 드러내며 극은 끝난다.

추정 집필 연도

1602~1605년

『끝이 좋으면 다 좋아』

All's Well That Ends Well

고아 헬레나는 로실리온 백작 부인을 어머니처럼 따르고, 명문가 자제인 버트람 백작에게 은밀히 마음을 두었으나 신분이 차이 나는 사랑이었기에 체념하고 있었다. 그런데 의사의 딸인 그녀가 왕의 난치병을 치료하자 그 상으로 왕의 명령에 따라 버트람 백작은 그녀의 남편이 된다. 이에 불복한 백작은 아내를 건드리지도 않고 '내 반지를 손에 넣고, 내 아이를 낳으면 남편이라 부르라'는 편지를 남기고 전장인 피렌체로 출정을 떠나버린다. 헬레나는 순례길에 오른다.

그러던 도중에 플로렌스에서 그녀는 남편이 정숙한 미망인 다이애나에게 구애하고 있다는 사실을 알게 된다. 헬레나는 다이애나에게 부탁하여 그녀를 대신해 캄캄한 어둠 속, 남편과 같은 침대에서 밤을 보내고 반지를 주고받는 데 성공한다.

한편 백작의 부하인 경박한 패롤리스의 사기꾼 행각이 폭로되자 백작은 자신의 경박함을 알게 된다. 이윽고 프랑스로 귀국한 백작은 왕의 반지를 끼고 있다는 책망을 받는다. 왕이 헬레나에게 준 반지였던 것이다. 그때 다이애나가 어머니와 함께 등장해 백작에게 호소한다. 이윽고 죽었을 터인 헬레나가 나타나 편지에 쓰인 대로 반지도 아이도 생겼다고 알린다. 더욱 부끄러워진 백작은 헬레나를 사랑하기로 맹세한다.

추정 집필 연도

1603~1604년

『자에는 자로』

Measure for Measure

빈의 공작 빈센티오는 자리를 비우는 동안 근엄한 안젤로에게 통치의 전권을 위임하고, 수도사로 변장하여 그가 정치하는 모습을 지켜본다. 안젤로는 14년간 잠들어 있던 법을 부활시켜 줄리엣을 결혼 전에 임신시킨 클로디오에게 간음죄로 사형을 선고한다. 클로디오의 여동생이자 견습 수녀인 이사벨라는 오빠의 목숨을 구걸하는데, 안젤로는 그녀가 몸을 내주면 오빠의 목숨을 구해주겠다고 한다. 죽음이 두려운 클로디오는 누이동생에게 목숨을 구해주길 바란다.

수도사로 변장한 공작은 이 사정을 알게 되자 안젤로의 전 약혼자 마리아나를 대리로 세워 그와 맺어지도록 한다. 하지만 안젤로가 약속을 어기고 사형 집행을 중단하지 않자 공작은 병사한 죄수의 목을 대신 보내게 하고, 이사벨라에게도 클로디오는 죽은 것으로 한다. 마지막에 공작은 공식 석상에 본래 모습으로 나타난다. 이사벨라는 공작이 수도사로 변장했던 사실을 모르고 그에게 일련의 일을 호소한다. 안젤로는 시치미를 떼지만, 공작이 변장했던 사실을 알자 체념한다. 안젤로도 마리아나와 혼전 관계를 가진 이상 죽을죄라고 힐책하지만, 마리아나가 간곡하게 간청하고, 클로디오가 살아 있음을 밝히며 용서한다. 공작 자신이 이사벨라에게 구혼하며 극은 끝난다.

추정 집필 연도
1603~1604년

『오셀로』

Othello

무어인 장군 오셀로는 베니스의 원로원 의원 브라반쇼의 아름다운 딸 데스데모나와 몰래 결혼한다. 그날 밤 의회에 소환된 데스데모나 본인이 남편에 대한 사랑을 밝히자 아버지는 마지못해 결혼을 인정한다. 오셀로 장군은 터키 함대와 싸우기 위해 키프로스 섬의 총독으로 임명되어 임지로 향한다.

기수 이아고는 장군이 자신을 제쳐두고 카시오를 부관으로 임명한 사실을 원망하며, 술에 약한 카시오가 취해서 추태를 부려 부관에서 해고당하도록 한다. 그리고 데스데모나에게 중재를 맡기는 한편, 오셀로에게 그녀와 카시오의 관계에 주의하도록 속삭인다. 처음에는 아내를 믿던 오셀로였지만, 이아고의 능숙한 말솜씨에 속아 자신감을 잃고 의심하기 시작한다. 이아고는 데스데모나를 짝사랑하는 로데리고를 속여 교묘하게 이용한다. 이윽고 이아고는 자신의 아내 에밀리아에게 데스데모나의 손수건을 훔치게 하고, 그것을 카시오가 매춘부 비앙카에게 건네주는 장면을 장군이 목격하도록 꾸민다. 결정적인 증거를 잡았다고 믿은 장군은 충격을 받아 끝내 사랑하는 아내를 죽이고 만다. 마침내 이아고의 악행이 폭로되고 오셀로는 자살한다.

추정 집필 연도

1605~1606년

『리어왕』

King Lear

브리튼의 늙은 왕 리어는 세 딸에게 왕국을 나누어주고 은퇴하려 한다. 첫째 딸 거너릴와 둘째 딸 리건은 아버지에 대한 사랑을 호들갑스럽게 떠들지만, 가장 사랑하는 셋째 딸 코델리아는 "아무 할 말이 없어요"라고 말한다. 화가 난 왕은 의절하고 지참금 없이 프랑스 왕에게 시집보낸다. 그 후 예전과 다름없는 리어의 행동에 질린 위의 두 딸은 아버지를 냉대하고, 경외심도 애정도 없음을 폭로한다. 절망한 리어는 어릿광대를 데리고 황야를 헤매며 "바람이여, 불어라! 하늘이여, 찢어져라!"라고 성이 나서 고함친다.

글로스터 백작의 사생아 에드먼드가 가독을 차지하려고 장남 에드거를 모함한다. 에드거는 난을 모면하기 위해 벌거벗은 미치광이 톰으로 변장하고, 폭풍 속에서 미친 듯이 날뛰는 왕을 만난다. 리건 부부는 왕의 아군인 글로스터 백작의 두 눈을 도려내고, 글로스터 백작은 초라하게 변장한 에드거의 손에 이끌려 황야로 나가 도버에서 광란 중인 리어와 재회한다. 이윽고 리어는 코델리아의 보호를 받는다. 올버니 공작은 글로스터 백작을 구타할 때 가신에게 당한 상처가 원인이 되어 죽고, 그의 아내인 거너릴은 에드먼드를 자기 것으로 만들고자 리건을 독살하지만, 악행이 드러나 자살한다. 에드먼드는 형과 결투하다 쓰러지고, 마지막으로 옥중에서 살해당한 코델리아를 껴안은 리어가 한탄하며 죽는다.

추정 집필 연도
1606년

『맥베스』

Macbeth

스코틀랜드의 장군 맥베스와 뱅코는 황야에서 마녀 세 명을 만난다. 맥베스는 '머지않아 왕이 되실 분', 뱅코는 '왕을 낳을 분'이란 예언을 듣는다. 야망을 품은 맥베스는 아내와 함께 계획해 왕 던컨을 암살하고 왕의 호위 두 사람에게 피를 문지른 후 다음 날 아침 호위들을 범인으로 몰아 죽여버린다. 신변의 위협을 느낀 왕자 맬컴과 도널베인은 도망가고 맥베스는 왕위에 오른다. 맥베스는 뱅코를 암살했으나, 그의 아들 플리언스는 놓친다. 그 직후, 연회석에 피투성이가 된 뱅코의 망령이 나타나자 맥베스는 매우 당황한다. 불안에 사로잡힌 맥베스는 마녀들에게 '여자로부터 태어난 자는 맥베스를 쓰러뜨릴 수 없다', '버넘의 숲이 던시내인 언덕을 향해 올 때까지 맥베스는 멸망하지 않는다'는 새로운 예언을 듣고 안심한다.

한편 귀족 맥더프는 조국을 구하고자 왕자 맬컴에게 궐기를 종용하고, 병사의 수를 감추기 위해 버넘 숲에서 가지를 잘라 병사들에게 내걸게 한다. 버넘 숲이 움직이기 시작한 것이다. 맥베스 부인은 미쳐서 죽고, 맥베스는 태어나기도 전에 어머니의 배를 가르고 나온 맥더프에 의해 쓰러진다.

추정 집필 연도

1607년

『안토니와 클레오파트라』

Antony and Cleopatra

『줄리어스 시저』에서 로마의 삼두정치를 맡았던 마크 안토니는 로마를 떠나 이집트 여왕 클레오파트라와의 사랑에 탐닉하며 로마의 사자를 만나려고도 하지 않는다. 하지만 정실 풀비아가 죽고, 로마의 장군 폼페이우스가 반란을 일으키자 로마로 귀국한다. 이때 옥타비아누스 시저의 누나 옥타비아와 정략결혼을 하는데, 이집트 땅에서 이 사실을 접한 클레오파트라는 격노한다.

그 후 시저는 폼페이우스를 쓰러뜨리고 또 다른 집정관 에밀리우스 레피두스를 감옥에 가둔다. 안토니는 클레오파트라와 함께 시저군과 싸운다. 해전을 벌이자는 클레오파트라의 제안에 따라 악티움 해전에 임하지만, 겁에 질린 클레오파트라가 갑자기 배를 돌려 달아나자 안토니의 배가 선대를 버리고 그 뒤를 쫓는 바람에 참담하게 패배한다. 충성스러웠던 가신 이노바부스조차 안토니를 떠난다. 그 후 클레오파트라의 마음이 시저를 향하자 안토니는 격노한다. 겁이 난 클레오파트라가 자신의 부고를 흘리고, 안토니는 절망하여 자살을 시도한다. 연인의 숨이 끊기는 것을 지켜본 클레오파트라는 이집트 여왕 정장 차림으로 독사에게 자신의 가슴을 물도록 하여 목숨을 다한다.

추정 집필 연도

1608년

『코리올라누스』

Coriolanus

젊은 귀족 가이우스 마르티우스는 볼스키족과의 전쟁 때 도시 코리올리의 성안에서 홀로 싸워 로마를 승리로 이끌었기에 코리올라누스라는 칭호를 받는다. 집정관으로 추대받은 그는 겸손의 증거인 누더기를 입고 광장에서 시민의 찬동을 얻는 관습에 따라 집정관이 되지만, 악의적인 호민관의 선동으로 민중의 적이 되어 로마에서 추방된다.

분노한 코리올라누스는 '세계는 다른 곳에도 있다'고 선언하고 스스로 로마를 버린다. 그러고는 원수였던 볼스키족 장군 툴루스 오피디우스와 손잡고 로마에 쳐들어간다. 당황한 로마 측은 화해를 제의하지만, 친분이 두터웠던 장군 코미니우스와 친구 메네니우스 아그리파의 호소에도 그는 완강한 태도로 '로마를 불사르는 업화'가 되겠다는 결의를 바꾸지 않는다.

사태를 수습한 것은 코리올라누스의 어머니 볼룸니아와 처자식이었다. 세 사람은 로마를 멸망시키지 말아달라고 탄원한다. 어머니가 무릎을 꿇자 마침내 마음이 움직인 코리올라누스는 로마와 화친을 맺지만, 그의 존재를 지겨워하던 오피디우스가 그를 배신자로서 참살하고 만다.

추정 집필 연도
1605~1608년

『아테네의 타이먼』

Timon of Athens

아테네의 귀족 타이먼은 많은 사람을 위해 선뜻 돈을 쓰며, 충실한 집사 플레비어스의 충고를 듣지 않고 계속 낭비하다 파산하고 빚더미에 오르는데, 자신은 친구라는 재산이 있다며 친구에게 도움을 청한다. 그러나 친구들은 태도가 돌변해 누구 하나 타이먼을 도와주려 하지 않는다. 이 배은망덕함에 타이먼은 격노하고 저주의 말을 퍼부으며 숲속 동굴에 처박힌다. 욕지거리만 하는 철학자 애피멘터스의 말대로 우정은 믿을 수 없었다. 숲에서 금을 발견하자 다시 사람들이 다가오지만, 타이먼은 그들에게 금을 주고서 쫓아낸다.

그 무렵 아테네의 장군 알키비아데스는 한 친구의 사형 판결을 번복해달라고 원로원에 호소했으나 받아들여지지 않는다. 자기 자신의 전쟁 공로에 비추어 구해달라고 호소하지만, 오히려 태도가 오만하다는 이유로 아테네에서 추방된다(플루타르코스의 『대비열전』에서 코리올라누스와 대비되는 인물). 알키비아데스는 배은망덕한 아테네를 상대로 군사를 일으켜 복수하려 하고, 이를 응원하는 타이먼은 그에게 금을 보낸다. 결국 알키비아데스는 평화리에 아테네를 정복해 배은망덕함에 대한 자신과 타이먼의 한을 푼다. 마지막에 타이먼의 부고가 전해지고, 장군은 그 죽음을 애도한다.

추정 집필 연도

1607~1608년

『페리클레스』

Pericles

티루스의 영주 페리클레스는 안타키아의 왕 안티오쿠스의 공주에게 구혼한다. 하지만 왕과 공주가 근친상간 관계라는 비밀을 알고 목숨이 위험해져 노신 헬리케이너스에게 조국을 맡기고 모험을 떠난다.

페리클레스는 기근이 든 타르수스로 곡식을 나른 데 보답으로 잠시 그 땅에 머물지만, 자객이 쫓아오는 바람에 바다로 피한다. 폭풍우를 만나 표류하다 펜타폴리스에 닿은 페리클레스는 창 시합에서 우승하며 공주 타이사의 사랑을 얻어 결혼한다. 페리클레스는 임신한 아내를 데리고 조국으로 향하는데, 폭풍이 치는 바다 위에서 아내는 딸 마리나를 출산하다 산고로 죽고, 그 시신은 바다로 흘려보낸다.

페리클레스는 타르수스에 들러 태수 클레온에게 딸을 맡긴다. 이윽고 마리나가 아름답게 성장하자 태수의 아내 다이어나이자는 질투심에 그녀를 죽이려고 한다. 마리나는 해적에게 납치되어 유곽으로 팔려가지만, 그곳을 벗어나 청렴하게 생활한다. 딸이 죽은 줄 알았던 페리클레스는 비탄에 잠기지만, 그를 위로하기 위해 마리나가 찾아오자 자신의 딸임을 알고 함께 재회를 기뻐한다. 게다가 꿈에서 들은 대로 다이애나의 신전에 가자 죽었을 터인 타이사와도 재회하게 된다.

추정 집필 연도
1608~1610년

『심벨린』

Cymbeline

비밀리에 브리튼의 공주 이모진과 결혼한 신사 포스추머스는 왕 심벨린으로부터 추방당한다. 로마로 건너간 포스추머스가 이모진 공주의 미덕을 과하게 칭송하자 이탈리아인 이아키모는 '그 공주를 손에 넣어 보이겠다'며 내기를 걸고 포스추머스의 편지를 들고 브리튼으로 찾아온다. 이아키모는 공주의 강한 거부에 어쩌지 못하다가 침실에 숨어들어 자고 있는 공주의 팔찌를 빼내며 가슴팍에 점이 있는 것을 발견하고, 귀국해서 공주와 잤다고 거짓말한다. 이에 속은 포스추머스는 절망하여 하인 피사니오에게 아내를 죽이라고 명한다. 피사니오의 배려로 공주는 남장하고 이름을 피델이라 바꾸어 로마로 향한다. 도중에 두 젊은이(실은 유괴된 왕자) 기데리어스와 아비라거스를 만나는데, 그들은 약을 먹고 가사 상태에 빠진 공주를 죽은 것으로 오해한다. 이모진을 폭행하려고 포스추머스의 옷을 입고 찾아온 왕비의 바보 아들 클로튼은 진정한 왕자와 다투다 목이 잘린다. 되살아난 이모진은 남편의 옷을 입은 목 없는 시체를 남편으로 오해한다. 포스추머스는 죽고 싶은 마음에 로마 대 브리튼의 전쟁에 참전했다가 포로가 된다. 끝내 나쁜 왕비는 죽고, 심벨린의 왕 앞에 일동이 모인 자리에서 이아키모가 악행을 자백한다. 남장한 공주는 포스추머스와 눈물의 재회를 한다.

추정 집필 연도 **1610~ 1611년**	**『겨울 이야기』** ***The Winter's Tale***

시칠리아의 왕 레온티즈는 갑작스러운 질투심에 사로잡혀 왕비 헤르미오네가 보헤미아의 왕 폴릭세네스와 불륜 관계라고 착각한다. 신하 캐밀로에게 보헤미아의 왕을 암살하도록 명령하지만, 캐밀로가 보헤미아의 왕과 함께 달아나자 왕은 의심을 확신으로 굳히고, 왕비를 감옥에 가둔다. 갓 태어난 공주 페르디타를 사생아로 몰아버리고, 아폴론의 신탁도 무시한 채 왕비를 심판하려다 신의 노여움을 받아 왕자 마밀리어스와 왕비가 죽는다. 왕은 후회의 나날을 보낸다. 16년이 지나 양치기에게 거두어진 페르디타는 훌륭한 아가씨로 성장하여 보헤미아의 왕자 플로리젤과 사랑하는 사이가 된다. 그런데 왕자가 아버지 몰래 결혼하려 하자 부왕은 페르디타를 추방시킨다. 왕자와 함께 도망쳐 시칠리아의 왕에게 간 페르디타는 그곳에서 자신의 정체를 알게 된다. 게다가 시녀 폴라이나가 죽은 왕비의 조각상을 움직임으로써 왕비가 살아 있음에 모두가 기뻐한다. 폴라이나의 남편 안티고누스는 페르디타를 버리러 갔다가 곰에게 잡아먹히고 말았는데, 왕은 그녀를 캐밀로와 결혼시킨다. 극 후반부에는 유쾌한 도둑 오틀리커스와 멍청한 양치기의 해학이 어우러져 훨씬 밝고 즐거운 전개로 이루어진다. 양치기들은 페르디타의 학부형으로서 귀족으로 발탁된다.

추정 집필 연도

1610~1611년

『폭풍우』

The Tempest

밀라노의 대공 프로스페로는 동생 안토니오에게 지위를 빼앗기고, 당시 두 살이었던 딸 미란다와 함께 외딴 섬으로 유배되어 12년의 세월이 흐른다. 섬 근처를 남동생과 나폴리의 왕 아론조의 배가 지나가자 프로스페로는 마법으로 폭풍(템페스트)을 일으켜 선상의 동생과 나폴리의 왕 등을 상륙시킨다. 안토니오는 왕의 동생 서배스천을 꼬드겨 왕을 살해하려 하지만, 요정 에어리얼에게 방해받는다. 섬에 사는 괴물 칼리반은 프로스페로의 지배에서 벗어나고자 배에서 내린 어릿광대 트링큘로와 요리사 스테파노를 시켜 프로스페로를 죽이려 한다. 나폴리 왕의 일행을 놓쳐 물가에 있던 나폴리의 왕자 퍼디난드는 에어리얼의 음악에 이끌려 미란다와 만나고, 두 사람은 사랑에 빠진다. 그것은 프로스페로의 계획대로였는데, 프로스페로는 왕자에게 노동을 시켜 이를 사랑의 시련으로 삼는다. 그리고 두 사람의 혼인을 축하하며 요정들이 마법으로 여흥을 선보인다. 하지만 칼리반들의 계획을 떠올리자 여흥을 중단하고, 스테파노들을 혼내준다. 동생과 나폴리의 왕에게 복수하려던 프로스페로는 결국 그들을 용서하기로 마음먹으며 마법의 지팡이를 부러뜨리고, 책을 바다에 버린다. 그리고 독무대에 남아 에필로그를 이야기하며 마법의 힘이 사라졌음을 알리고, 관객들에게 손뼉을 쳐 나폴리로 돌려보내달라고 말한다.

추정 집필 연도
1612~1613년

『두 귀족 친척』

The Two Noble Kinsmen

아테네의 공작 테세우스(『한여름 밤의 꿈』의 공작과 동일)는 테베의 왕 크레온에게 남편을 죽임당한 세 명의 부인이 크레온을 처벌해달라고 호소하자, 테베를 상대로 전쟁을 일으켜 크레온의 두 조카 아들 아르시테와 팔라몬을 포로로 잡는다. 두 사람은 감옥에서 엿본 공작 부인 히폴리타의 아름다운 여동생 에밀리아에게 첫눈에 반한 뒤 그동안의 두터운 우정 따위는 없었던 것처럼 서로 다툰다. 이후 홀로 추방당한 아르시테는 변장을 하고 공작의 여흥으로 레슬링 시합에 나가게 되고, 시합에 이겨 환대를 받으며 에밀리아의 하인이 된다. 하지만 그녀에게 다가갈 수 없어 옥중에서라도 그녀 곁에 있을 수 있는 팔라몬의 행운을 부러워한다. 반면에 팔라몬은 창문이 없는 방으로 옮겨져서 자유로운 아르시테의 행운을 부러워한다.

한편 팔라몬에게 반한 간수의 딸은 그를 감옥에서 빼내주지만, 숲속에서 홀로 헤매다 정신을 잃는다(이 장면은 존 플레처가 썼다고 한다). 결국 두 명의 귀공자는 테세우스에게 붙잡히고, 결투를 벌여 이기는 쪽이 에밀리아와 맺어지고 패자는 죽는다는 약속에 동의한다. 군신 마르스를 의지한 아르시테가 이기지만 곧 사고로 죽고, 사랑의 여신 비너스를 의지한 팔라몬이 에밀리아와 맺어진다.

추정 집필 연도

1613년

『헨리 8세』

Henry VIII

왕 헨리 8세(엘리자베스 1세의 아버지, 재위 1509~1547년)는 추기경 울지의 저택에서 열린 연회에서 왕비 캐서린의 시녀 앤 불린에게 첫눈에 반한다. 왕은 후사가 태어나지 않아 오랜 세월 동안 함께 지내온 왕비와 이혼하려던 중이었다. 이 이혼을 꾸민 것도 울지로, 왕비는 그를 재판관으로 인정하지 않고 법정을 빠져나간다. 왕이 이미 몰래 앤과 통한 줄 몰랐던 울지는 루터파의 앤을 왕비로 삼는 것은 터무니없다고 생각해, 프랑스 왕의 누이동생을 왕비로 맞이하려는 뒷공작을 펼친다. 이 사실을 안 왕은 분노하는데, 울지에게 막대한 은닉 재산이 있는 사실까지 발각되면서 울지는 실각한다. 몰락하는 울지가 하는 훌륭한 대사는 공동 집필자 존 플레처가 썼다.

새로운 앤 왕비의 성대한 대관식 행렬 이후 울지의 죽음이 알려지면서 캐서린 또한 세상을 뜬다. 이후 윈체스터 주교 가디너가 왕의 총애를 받는 루터파의 캔터베리 대주교 토머스 크랜머를 이단으로 고발하는 음모를 기획하는데, 왕은 이를 간파하고 조정한다. 시끌벅적하게 공주 엘리자베스의 탄생을 축하하며 막을 내린다. 덧붙여 이 작품에는 '모두 진실'이라는 다른 제목이 존재한다.

닫는 글

셰익스피어 작품을 즐기면 대사의 의미를 더욱 깊이 이해할 수 있습니다. 셰익스피어에 대해 더 읽어보고 싶은 분께 다음 책을 추천해드립니다.

- 『셰익스피어 : 인생 극장의 달인(シェイクスピア : 人生劇場の達人)』, 가와이 쇼이치로 지음, 주코신서, 국내 미출간
- 『줄거리로 읽는 셰익스피어 모든 작품(あらすじで読むシェイクスピア全作品)』, 가와이 쇼이치로 지음, 쇼덴샤신서, 국내 미출간
- 『셰익스피어의 정체(シェイクスピアの正体)』, 가와이 쇼이치로 지음, 신초문고, 국내 미출간
- 『햄릿의 수수께끼를 풀다』, 가와이 쇼이치로 지음, 시그마북스
- 『셰익스피어 『햄릿』 100분 de 명저(シェイクスピア 『ハムレット』 100分 de 名著)』, 가와이 쇼이치로 지음, NHK출판, 국내 미출간
- 『리어왕의 시대(*The YEAR of LEAR : Shakespeare in 1606*)』, 제임스 샤피로(James Shapiro) 지음, 사이먼앤슈스터, 국내 미출간
- 『셰익스피어의 책(*The Shakespeare Book : Big Ideas Simply Explained*)』, 스탠리 웰스(Stanley Wells) 지음, DK, 국내 미출간
- 『세계를 향한 의지 : 셰익스피어는 어떻게 셰익스피어가 됐는가(*Will In The World : How Shakespeare Became*)』, 스티븐 그린블랫(*Stephen Greenblatt*) 지음, 민음사
- 『셰익스피어 전기(*Shakespeare : The Biography*)』, 피터 애크로이드(Peter Ackroyd) 지음, Nan A. Talese, 국내 미출간

셰익스피어가 자아낸 아름다운 말

나는 어쩌다 외국어를 외국어로 배웠다. 일본어로 영어를 배웠고, 스페인어를 배웠다. 영어야 한국어로도 배웠지만, 스페인어는 처음부터 일본어로 배웠다. 대학교 유학 시절, 유학생 대부분이 제2외국어로 일본어를 선택할 때 일본까지 와서 또 일본어 수업을 듣기에는 주어진 기회가 아깝다며 용감하게도 스페인어를 선택했다. 특별히 의도한 바는 없었다. 그저 언어학이 재미있었고, 영어가 쓸모 있어 보였고, 스페인어를 배워보고 싶었다. 하지만 다른 사람 눈에는 무척이나 특이해 보였던 모양이다. 스페인어 교수님께서 수업 내용 중에 이해가 안 가는 '일본어'가 있는지 물으셨고, 미국 어학연수 시절, 아이비리그 모 대학 교육학과를 졸업했다던 선생님께서 자기 모교에 연구 대상자로 등록해보지 않겠느냐고 제안하셨다. 그리고 영문학을 전공한 한일 통번역가라는 나의 다소 독특한 이력이 이 책『셰익스피어의 말』과 인연을 맺어주었다.

영문학 전공이라고 하면 문학만 떠올리기 쉽지만, 실제로 배우는 내용은 언어, 교육, 역사, 문화, 음악, 종교 등 다양하다. 나는 주로 언어학과 교육학 수업을 들었는데, 그럼에도 셰익스피어와의 만남은 필연적이었다. 중세 영어와 시적인 대사 등 어렵게만 느껴질 수 있지만, 사실 셰익스피어는 일상생활에서도 친숙한 존재이다. 누구나 한 번쯤은 그의 이름과 작품을 접한 적이 있지 않을까. 나도 어릴 적 읽었던『말괄량이 길들이기』가, 지나가다 구경했던 야외 공연 〈한여름 밤의 꿈〉이, 수업 시간에 비교 감상했던 두 가지 버전의 영화 〈로미오와 줄리엣〉이 그랬다. 그런데 이 책을 번역하니 익숙했던 셰익스피어가 익숙하지 않았다. 재미있고 아름다운 대사들이 이토록 많았던가, 새삼 몇 번이고 감탄했다. 번역할수록, 잘 몰랐던 작품을 알게 될수록 감질나서 그의 작품을 전부 읽어보고 싶어졌다. 비극, 희극, 역사극은 물론 유럽부터 지중해까지 아우르는 무대에서 펼쳐지는 셰익스피어 버전 그리스 로마 이야기까지 읽는 재미가 쏠쏠할 듯하다.

『셰익스피어의 말』 앞부분에서 저자는 셰익스피어 대사를 직접 번역했다고 밝혔는데 나는 그 사실에 깜짝 놀라고 말았다. 무슨 용기로 이 어려운 번역을 직접 하려고 생각했을까 싶었는데, 번역하면서 저자의 정체를 조금씩 알게 되니 절로 고개가 끄덕여졌다. 가와이 쇼이치로, 그는 셰익스피어 전문가였다. 일본 셰익스피어 협회 회장을 역임하고, 셰익스피어 관련 서적 출간은 물론 연극 연출까지 맡는 화려한 전적의 소유자였던 것이다. 고전 문학은 오랜 세월 존재하며 다양하게 번역되지만, 이런 이유로 이 책에서는 저자의 해석을 최대한 살리고자 했다. 저자의 번역문을 무엇보다도 존중하고, 뉘앙스를 파악해야 하거나 이중적인 의미로 읽힐 때는 영어 원문을 참고하여 번역했다.

번역의 묘미 중 하나는 그동안 몰랐던 새로운 분야를 접한다는 점일 것이다. 쉬운 일은 아니다. 분야가 달라지면 알던 단어가 모르는 단어가 되는 언어의 마법에 걸리기도 하고, 단 한 단어를 번역하고자 배경 지식을 알아보다 반나절이 훌쩍 지나기도 한다. 이 책도 지식욕을 채워주는 데 톡톡히 한몫했다. 책장을 빠르게 넘기며 어떻게 번역할까 검토할 때는 셰익스피어 작품에서 우리 삶에 도움이 될 만한 명대사들을 골라 소개하는 줄로만 알았다. 막상 뚜껑을 열어보니 이 한 권을 번역하는 데 철학, 음악, 중국 문학, 영국 역사, 동물 울음소리, 세계 지리, 고유명사의 언어별 발음 등 도대체 몇 가지 분야를 알아봤는지 모르겠다. 셰익스피어도 대단하지만, 그만큼 저자의 폭넓은 지식을 보여주는 방증이라고도 할 수 있겠다.

그래서 독자 여러분들이 이 책을 통해 셰익스피어가 극중 인물들의 목소리를 빌려 자아낸 아름다운 말들로 고민하던 마음을 위로받고, 용기와 활력을 얻어 앞으로의 삶을 긍정적으로 보낼 수 있기를 바란다. 번역하면서 다양한 분야에 걸쳐 알아본 내용은 독자분들과 공유하고자 역주로 달아놓았다. 여러분의 지식욕을 하나라도 더 채워줄 수 있다면 역자로서 기쁠 따름이다.

2021년 12월

박수현

셰익스피어의 말

초판 1쇄 인쇄 2021년 12월 10일
초판 1쇄 발행 2021년 12월 30일

지은이 가와이 쇼이치로
옮긴이 박수현
펴낸이 정용수

사업총괄 장충상 본부장 윤석오
편집장 김민정 편집 조혜린
디자인 김지혜 영업·마케팅 정경민
제작 김동명 관리 윤지연

펴낸곳 ㈜예문아카이브
출판등록 2016년 8월 8일 제2016-000240호
주소 서울시 마포구 동교로18길 10 2층(서교동 465-4)
문의전화 02-2038-3372 주문전화 031-955-0550 팩스 031-955-0660
이메일 archive.rights@gmail.com 홈페이지 ymarchive.com
블로그 blog.naver.com/yeamoonsa3 인스타그램 yeamoon.arv

ISBN 979-11-6386-085-3 03100

㈜예문아카이브는 도서출판 예문사의 단행본 전문 출판 자회사입니다. 널리 이롭고 가치 있는 지식을 기록하겠습니다.

Inspiring Shakespeare Quotes